Die Kunst, Tee richtig zu genießen

Arend Vollers

— Die Kunst —
TEE
richtig zu genießen

Geschichte · Kultur
Herstellung
Sorten

Seehamer Verlag

© by Autor und Verlag
Genehmigte Lizenzausgabe 1998 für
Seehamer Verlag GmbH, Weyarn
Alle Rechte vorbehalten
Titelgestaltung: Bine Cordes, Weyarn
Titelfoto: Dieter Hinrichs, München
Innenfotos: Paul Schrader & Co., Weyhe (S. 33, 34, 83, 86, 121, 171, 172);
Christian Teubner, Füssen (S. 119, 120, 122)
Karten: Design-Studio Fleischer, München
Printed in Austria
ISBN 3-932131-50-9

INHALT

Wo nicht anders angegeben,
sind die Rezepte für 4 Personen berechnet.

Abkürzungen und Erklärungen:

EL   = Eßlöffel
TL   = Teelöffel
Msp = Messerspitze
g   = Gramm
l   = Liter
ml   = Milliliter ($\frac{1}{1000}$ l), 1 g
dl   = Deziliter ($\frac{1}{10}$ l)

---

kg = Kilogramm
t   = Tonnen
ha = Hektar

Einleitung

Für Teefreunde oder solche, die es durch die Lektüre dieses Buches werden wollen!

Das Handelsgut Tee ist von der Vielfalt und der langen, interessanten Geschichte seiner Herstellung, seines Genusses und seiner Auswirkung auf die Geschichte der Menschheit nur mit dem Wein vergleichbar.

Generationen von Kennern, Händlern und Schriftstellern haben um dieses exotische Produkt einen Schleier von Geheimnissen gelegt.

Der Beginn des Teetrinkens liegt im Dunkel der Vergangenheit. Wie wohl immer entstehen aus Tatsachen Legenden – weil sie nicht aufgeschrieben und amtlich beglaubigt werden – und aus Legenden Tatsachen, wenn diese Legenden über Jahrhunderte hinweg oft genug zitiert werden. Gesichert ist indes, daß der Verfasser dieser Zeilen durch jahrzehntelangen Teegenuß zu den kritischen Zeitgenossen gehört.

Wo ist nun der Tee in seiner heute so geschätzten, belebenden und aromatischen Art zum ersten Mal entdeckt, zum ersten Mal erwähnt? Gesichert ist bei den Botanikern, daß die Teepflanze aus dem Gebiet zwischen dem oberen Brahmaputra und dem östlichen Jangtsekiang originär ist oder anders ausgedrückt aus dem Berg-Dreieck zwischen Assam, Yünnan, Birma und den chinesischen Mittelprovinzen.

Der Historiker hat da schon größere Probleme, Ordnung in die Legenden und Märchen zu bringen. Durch die Teeliteratur geistern davon zwei. Der chinesische Kaiser Shen Nung, der in chinesischen Annalen für fast alles Gute verantwortlich gemacht wird, lebte um 2750 vor Christus. An einem schönen Frühlingsabend des Jahres 2737 (immer vor Christi Geburt) saß er unter einem Baum in der hügeligen Landschaft am Jangtsekiang in einem seiner Paläste, sicher umgeben von den schönsten seiner Hofdamen. Als sein Trinkwasser abgekocht wurde, fielen einige Blätter von dem darüberhängendem Ast eines wilden Teebaumes, der wegen seiner herrlichen Blüten im Palastgarten stand. Und schon war der Tee erfunden!

Die zweite »Erfindung« des Tees geschah mehr als drei Jahrtausende später. Der heilige Darma pilgerte als frommer Buddhist von Indien nach China, um dort seinen Glauben zu verbreiten. Er tat das Gelübde, sieben Jahre nicht zu schlafen. Das gelang ihm immerhin fünf, bis sich die erste Müdigkeit einstellte. Um wach zu bleiben, riß er sich einige Haare der Augenbraue aus. Diese fielen in einen Kessel mit kochendem Wasser, und schon wieder war der Tee erfunden. Zurück ins Heute. Tee ist auch ein einfaches Agrarerzeugnis und geschätztes Getränk, nicht nur für einige hunderttausend wohlhabende Europäer. Nein, Tee ist so preiswert, er ist das tägliche Getränk für Milliarden von Menschen rund um den Erdball, die sich täglich an ihrer Tasse Tee erfreuen. Tee ist also *das* demokratische Getränk für reich und arm, von der Ersten bis zur Dritten Welt.

Warum nun ein neues Buch zum Tee? Im Laufe der letzten zwei Jahrzehnte ist unser Teeverbrauch zwar nicht gestiegen, das Interesse der Teetrinker an dem Produkt aber laufend gewachsen. Bücher verschiedenster Art und Ausstattung, die über die umfangreiche, farbige und ausgedehnte Welt des Tees berichten, sind erschienen.

Wir wollen hier in kürzerer Form nur drei Dinge vorstellen:

1. Einen Leseteil mit einer Beschreibung des Anbaus, der Produktion und einigen anderen Aspekten.

2. Eine größere Sammlung von teils unbekannten Rezepten.

3. Ein großes Nachschlagewerk von A–Z.

Alles zum Kennenlernen dieses gesunden und anregenden Geschenkes der Natur mit dem Namen TEE.

Teeanbau und Produktion

Vom grünen Blatt zum schwarzen Tee

Der liebe Gott hat uns neben der täglichen Nahrung in Form von Früchten des Feldes, des Waldes und vielerlei anderen Dingen noch etwas Besseres gegeben. Etwas, das ursprünglich für besondere Gelegenheiten gedacht war und dem Menschen mehr als das alltäglich Freude und Genuß bereitet. Dazu gehören sowohl die Frucht des Weinstockes, als auch der aus der Kaffeebohne gewonnene Kaffee, vor allem aber der aus den Blättern des Teestrauches bereitete grüne oder schwarze Tee.

Vergessen wir in unserer Einführung einmal Geschichte und Kulturgeschichte dieses Strauches und bedenken, daß der Tee in all seiner Vielfalt das nach wie vor meistkonsumierte Getränk auf der Welt ist. Von Asien bis Europa ist dieser Trunk so beliebt, daß die Teeindustrie für den immer weiter steigenden Verbrauch zur Zeit 2,6 Millionen Tonnen pro Jahr bereithalten muß. Eine Riesenmenge, wenn man weiß, daß die Jahresernte eines Teebusches nur etwa 200 g beträgt. Auch die Bedeutung des Tees für die einzelnen Volkswirtschaften darf nicht unterschätzt werden.

Darum gleich zu Beginn die folgende Aufstellung der Produktionsmengen, in kg angegeben, um die immense Größe dieses Wirtschaftszweiges augenscheinlich darzustellen.

Teeanbauflächen
und Produktionsmengen

1991	Teeanbaufläche in Hektar	Produktionsmenge in kg
Indien	421 271	741 719 000
Sri Lanka	221 691	241 552 000
Indonesien	137 055	133 421 000
Bangladesch	47 677	45 118 000
Kenia	99 830	203 589 000
Uganda	20 905	8 878 000
Tansania	19 415	19 321 000
Malawi	18 300	40 530 000
Simbabwe	6 352	15 613 000
Total	992 496	1 449 741 000
Rest von Afrika	29 851	44 536 000
China	1 060 530	541 600 000
Taiwan	23 863	21 378 000
Japan	57 600	87 903 000
GUS	70 000	100 000 000
Iran	32 000	45 000 000
Türkei	88 639	138 525 000
Malaysia	2 600	5 000 000
Vietnam	75 000	38 000 000
Argentinien	50 000	43 700 000
Brasilien	5 000	9 500 000
Papua-Neuguinea	3 600	6 000 000
Andere	+++	5 720 000
Gesamt	2 491 179	2 536 603 000

Teepflanzungen sind Dauerkulturen für Jahre und Jahrzehnte, die sorgfältig geplant und angelegt werden müssen. Im Gegensatz zu den früheren kleinbäuerlichen Teegärten in China von einigen hundert Quadratmetern Größe ist dieser Erwerbszweig heute eine Agroindustrie, und zwar gleich, ob als Großbetrieb von einigen tausend Hektar mit angestellten Arbeitern oder in der Form der vielfach geförderten »small holders«, der Kleinbauernvereinigungen.

Anlage neuer Teeplantagen

Für diese werden im allgemeinen größere Flächen des Landes urbar gemacht, aber so, daß eine relativ wirtschaftliche Bearbeitung mit kurzen Wegen und einer guten Infrastruktur möglich ist. In den in Frage kommenden Gebieten, egal wo auf der Welt, wird ausnahmslos kein landwirtschaftlich genutztes Gelände für die neuen Teekulturen in Anspruch genommen, sondern es wird Dschungel gerodet. Früher wurden die großen Bäume gefällt und während der Trockenzeit verbrannt. Die Baumstümpfe ließ man nach und nach verrotten. Heute vermeidet man möglichst die Verschwendung von Feuerholz auf der zukünftigen Plantage und stellt den Arbeitern ein Deputat an Feuerholz für die ersten Jahre zur Verfügung. Die großen Bäume werden im allgemeinen mit Traktoren umgerissen und sogar das wertvolle Stammholz an die Arbeiter verteilt. Nur das Buschwerk wird gelegentlich nicht verrottet oder als Feuerholz verwendet sondern an Ort und Stelle verbrannt. Das hat übrigens noch den Vorteil, daß der Boden besser für Tee geeignet ist. Denn Tee braucht sauren Boden, der durch Asche alkalisch wird. Die Erschließung großer Flächen hat natürlich Vorteile, von der Planung, von der Anlage und von der Bewirtschaftung her.
Nach dem Aufräumen im ersten Jahr wird der Boden tief gepflügt und für 2 bis 3 Jahre mit Guatemalagras bepflanzt. Dieses ist ein

breitblättriges Gras, das den Boden verbessert und organisch an-
reichert. Bei einer dichten Bepflanzung mit Guatemalagras wird
außerdem das Wachstum von Unkraut vermieden. Dieses Guatemalagras wird bis 2 m hoch, nach einer gewissen Zeit beschnitten,
untergepflügt und der Boden damit für die Bepflanzung mit Tee vorbereitet. Bei einer großflächigen Planung ist es außerdem möglich,
die Dränage entsprechend anzulegen. Der Regenwasserabfluß in
niederschlagsreichen Gebieten, die für den Teeanbau in Frage kommen, ist extrem wichtig, ebenso die Anlage von Wirtschaftswegen,
um zum Beispiel die fertig gepflückten Blätter möglichst einfach,
schnell und kostengünstig zur Fabrik transportieren zu können.

Wie vermehrt man Teepflanzen?

Am Anfang des Tees steht der »Kindergarten«, die nursery, die in
den traditionell englisch sprechenden Teeländern eben mit dem
deutschen Wort »Kindergarten« belegt ist.
Jahrhundertelang kannte man nur die Vermehrung der Teepflanze
durch Samen. Unkontrollierte Fremdbefruchtung war daher die
Norm und als Folge ein ungleichmäßiges Pflanzmaterial. Bei Tee
gelang, im Gegensatz zu vielen anderen Pflanzen, die Selektion
und Züchtung unter Kontrolle relativ spät. Probleme damit dauer-
ten bis in die sechziger Jahre dieses Jahrhunderts an. Spezielle
Teesaatgärten wurden entfernt von Pflanzungen angelegt.
Heute ist im Großplantagenbetrieb überall auf der Welt ausschließlich die vegetative Vermehrung üblich und vor allen Dingen
auch wirtschaftlich notwendig. Versuche anderer Art, wie etwa
das Okulieren oder Aufpfropfen erwiesen sich der großen Mengen des erforderlichen Pflanzmaterials für Neupflanzungen wegen als viel zu aufwendig. Man sollte immer bedenken, daß für
jeden Hektar einer Neuanpflanzung, je nach Gelände, 15 bis
20 000 Pflanzen erforderlich sind. Das vegetative Vermehrungs-
verfahren für Tee wurde erst in den dreißiger Jahren im Toklai-

Institut in Assam unter großen Schwierigkeiten und Rückfällen entwickelt und in der Anwendung laufend verbessert. Die Probleme lagen vor allen Dingen in der Bewurzelung der Stecklinge. Diese Methode hat aber einen einmaligen Vorteil gegenüber den vorherigen Verfahren. Es ist möglich, die guten und ausgesuchten Eigenschaften von Mutterpflanzen rein und ohne Beschränkungen auf beliebig viele Jungpflanzen zu übertragen. Die in den letzten dreißig Jahren angelegten Felder in technisch fortschrittlichen Gebieten wirken daher auch schon rein optisch gleichmäßig und überraschen durch sehr hohe Erträge. Zur Gewinnung des Pflanzmaterials werden ausgesuchte Mutterbüsche mit hoher Blattproduktion und anderen positiven Eigenschaften, zu denen unter anderem auch die Resistenz gegen Schädlings- und Pilzbefall gehören, einige Monate nicht gepflückt. So bilden sich etwa 1 m lange Triebe, die geschnitten und dann im Pflanzgarten jeweils in Achselhöhe (siehe Zeichnung) unterteilt werden. Der Anfang und das Ende eines Triebes können für die Vermehrung nicht benutzt werden. Die dafür ausgesuchten Sproßabschnitte werden dann in einen offenen Plastikbeutel mit Erde gepflanzt, wo sie bei richtiger Wärme und richtiger Bewässerung schnell Wurzeln schlagen. Bei relativ guten Wachstumbedingungen bilden die Neupflanzen in warmen Regionen schon nach 6 bis 8 Monaten, im kühlen Bergland etwa nach 16–18 Monaten Triebe in einer Höhe bis zu 60 cm und können dann zur weiteren gärtnerischen Bearbeitung ausgepflanzt werden.

Zur Vorbereitung des Auspflanzens, gleich ob zum Auffüllen von Lücken oder bei der Anlage von neuen Feldern muß der Boden dafür vorbereitet sein. Beim Auffüllen von Lücken in älteren Pflanzungen hebt man ein größeres Loch aus und füllt dieses mit frischem Humus, bevor der neue Teebusch hier gepflanzt wird. Bei neuen Feldern dauert die Vorbereitung im allgemeinen 3 Jahre – 1 Jahr zum sorgfältigen Roden, 1 Jahr zum Anpflanzen von Guatemalagras oder anderen bodenverbessernden Pflanzenarten und 1 weiteres Jahr, um der Gründung Zeit zur Humusbildung zu geben. Daneben müssen für Neuanpflanzungen auf jeden Fall Schattenbäume gezogen werden. Man bevorzugt neuerdings ein-

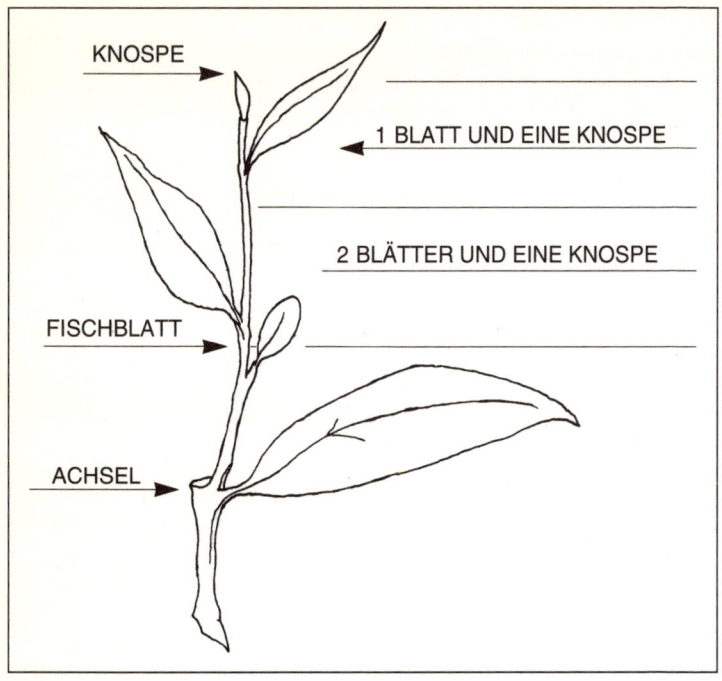

KNOSPE

1 BLATT UND EINE KNOSPE

2 BLÄTTER UND EINE KNOSPE

FISCHBLATT

ACHSEL

deutig Leguminosen. Diese Bäume in unterschiedlichen Abständen haben folgende Aufgaben:

- Abschirmen vor allzu grellem Sonnenlicht (daher auch Shadetrees)
- Windschutz
- Schutz vor Austrocknung in der niederschlagsarmen Zeit (Nördlich des Äquators im Winter)
- Verbesserung der Bodenstruktur, Anreicherung mit Humus und Ergänzung des Stickstoffgehaltes.
- Nistmöglichkeit für insektenvertilgende Vögel und Schaffung eines guten Mikroklimas.

Man kann **neue Teefelder** auf verschiedene Art anlegen: als Einzelpflanzung, als Doppelpflanzung und als Hecken- oder Reihenpflanzungen. Hier richtet man sich nach Boden, Klima und vorgesehener Pflückart (vielerorts erwartet man enorme Zunahme der maschinellen Pflückung, auch in traditionellen Qualitätsgebieten).

Die Pflanzdichte hat in den letzten Jahrzehnten deutlich zugenommen. Im letzten Jahrhundert reichten 3000 Büsche je Hektar, heute liegt die Anzahl bei maximal 21 000. Durch dieses dichte Pflanzen erreicht man eine größere Erntemenge, und das übliche Absterben einzelner Pflanzen fällt nicht so sehr ins Gewicht. Außerdem bleibt der Boden zwischen den Teebüschen leichter unkrautfrei. Jede gut gepflegte Plantage ist schon von weitem oder aus der Luft dadurch zu erkennen, daß das Grün der Büsche einen dichten Teppich bildet und kaum Unkraut zu sehen ist.

Neben den überall wachsenden schädlichen Unkräutern, die in den oft subtropischen Teelandschaften besonders schnell wachsen, gibt es auch nützliche Bodendecker, die außerdem an den Feldrändern während der Monsunzeiten die Bodenerosion gering halten und dazu den Humusgehalt des Bodens verbessern.

Die beste Zeit für das Setzen junger Pflanzen ist logischerweise kurz vor Beginn der Regenzeit; zusätzliche künstliche Bewässerung zu Beginn erleichtert das Anwachsen. Während der folgenden Monsunzeit, wo Wärme und hohe Feuchtigkeit zusammenkommen, setzt das Wachstum ein. In gutem Boden, meistens gerodetem Wald, ist eine zusätzliche Düngung in den ersten Jahren meist nicht erforderlich. Wichtig ist während dieser Zeit das Zurückschneiden des Busches, um eine zum Pflücken des Teeblattes besonders geeignete Pflanze zu entwickeln. Man muß den Teebusch »bauen«, der den Ansprüchen der jahrzehntelangen Produktion nach dem System *Two Leaves and a bud* entspricht und möglichst viele Triebe bildet. Etwa 2 Jahre nach dem ersten Stutzen hat die Pflanze aus ihren Zweigen ein Gerüst entwickelt, so daß sie auf eine Höhe von etwa 40 cm zurückgeschnitten werden kann. Im darauffolgenden Jahr bildet sich dann in etwa 1 m Höhe vom Boden ein »Tisch«, aus dem Woche für Woche neue Triebe schießen.

Das Pflücken kann beginnen.

Das Teepflücken nach dem Prinzip
»Two Leaves and a bud«

In Nordindien bringt der wilde Teebusch zwei Triebe hervor: den ersten zu Beginn der Vegetation nach der Trockenzeit im Frühjahr, einen zweiten im Sommer. Nur durch das Pflücken, durch das Entfernen von »Two leaves and a bud«, also einer Knospe und zweier Blätter, wird der Busch zu immer neuer Produktion angeregt. Vergleichen könnte man diesen Vorgang mit dem Unterschied zwischen einer Wiese, die zweimal im Jahr gemäht wird, und einem Rasen, der wöchentlich geschnitten werden sollte. Im Gegensatz zum Gras allerdings wird der Tee fast

überall noch von Hand gepflückt; alle bisherigen Versuche, dazu Arbeitsmaschinen einzusetzen, scheiterten bei Qualitätsansprüchen.

Bei diesem Pflückvorgang muß immer ein Kompromiß zwischen Quantität und Qualität gemacht werden. In Assam wird in gutgeführten Gärten jedes Feld pro Woche einmal gepflückt. In diesen sieben Tagen bildet der Busch ausreichend neues Blattgut »Two leaves and a bud«, höchstens noch ein drittes Blatt (das sogenannte *Fischblatt*), welches schon deutlich geringere Qualität hat. Sowohl die Länge des Schosses als auch Größe der Blätter sind von Temperatur und Feuchtigkeit abhängig und damit auch der tägliche Anfall von Pflückgut in der Fabrik.

Teepflücken ist das Abknipsen eines Triebes aus Teespitze und zwei Blättern vom Teebusch zwischen Zeigefinger und Daumen. Es ist eine Arbeit für Frauen, die Geschicklichkeit, Schnelligkeit und Sorgfalt erfordert, die jedoch auch anstrengend und eintönig sein kann. Oft ist es kühl oder kalt, dann ist die Erntemenge gering. Sowie aber Regenfälle einsetzen (z. B. der Monsun Nordindiens im Juni) und Wärme dazukommt, vervielfacht sich das Wachstum rapide.

Das Teeblatt nach dem Pflücken

Da der Tee möglichst frisch verarbeitet werden muß, wird er regelmäßig von den entfernter liegenden Feldern abgeholt. Wird in der Nähe der Fabrik gepflückt, werden die Blätter von den Arbeiterinnen in der Fabrik selbst abgeliefert, um die Transportwege so kurz wie möglich zu halten.

Das Teeblatt muß vor der Verarbeitung heil bleiben und darf sich nicht durch Druck erwärmen, sonst leidet die Qualität des Endprodukts.

Vor dem Wiegen erfolgt regelmäßig eine Qualitätskontrolle durch den Sidar, den Aufseher, da sonst oft zu große Blätter gepflückt würden, um ein möglichst großes Gewicht abliefern zu können.

Bezahlt wird nach Minimallöhnen mit Akkordzuschlägen für zusätzliche Mengen – je nach Plantage unterschiedlich. Bei der Ablieferung des Blattgutes wird für jede Pflückerin zwei- bis dreimal am Tag die abgelieferte Menge notiert und dafür, eine Quittung ausgestellt, die als Basis für die wöchentliche Lohnabrechnung gilt. Für tausend Pflückerinnen einer mittelgroßen Plantage ist diese Lohnabrechnung so kompliziert und aufwendig, daß einige größere Plantagengesellschaften gegen den Protest von Gewerkschaften die Einführung von Computern mit Stechkarten planen. Probleme wie sonstwo auf der Welt: Haben auch hier Technisierung und höhere Wirtschaftlichkeit Arbeitslosigkeit zur Folge?

Ein Bericht
aus der Teegeschichte über die
Tee-Ernte in Assam

Bruce schreibt einen Bericht, der vom Teekomitee der Landwirtschafts- und Gartengesellschaft in Kalkutta übergeben und dort am Mittwoch, dem 14. August 1839, verlesen wird:

>*Das Keyhunggebiet hat viel Wasser rundherum und liegt in dichtem Dschungel, so daß das Roden teuer wird, vor allem in der Art, wie die miserablen opiumrauchenden Assamesen arbeiten. Daher müssen wir bessere Arbeiter haben, die nicht nur selbst arbeiten, wo wir auch die Frauen und Kinder das Pflücken und Sortieren lehren können, was für beide Seiten profitabel wäre. Bislang hab ich das noch nicht in die Köpfe der Assamesen gebracht, die ihren Frauen nicht erlauben, in die Teegärten zu kommen. Letzte Saison hatte ich die größten Schwierigkeiten, genug Hände zu organisieren, um die Blätter zu sammeln. Für manchen scheint das Pflücken der Blätter eine*

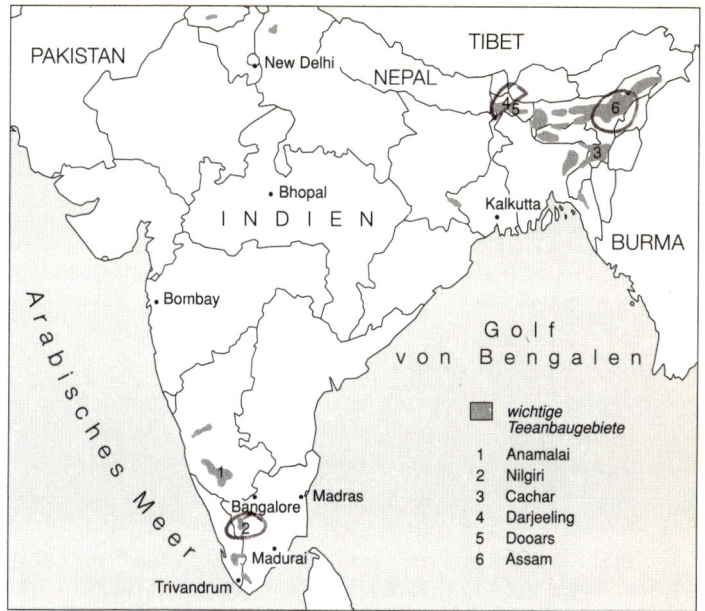

Teeanbaugebiete in Indien.

leichte Arbeit zu sein, aber die meisten unserer Kulis machen lieber etwas anderes. Das Stehen so viele Stunden läßt die Beine anschwellen, da unsere Pflanzen wie die in China nicht nur drei Fuß hoch sind, manchmal doppelt so hoch, so daß man aufrecht stehen muß. Die Chinesen pflücken hockend. Wir leiden darunter, daß wir keine Dauerpflücker haben, die die Übung haben, das Doppelte zu pflücken wie die anderen; aber die können wir selten durch zwei Saisons halten.

Die Chinesen erklärten nur, daß die jetzigen Chinabüsche in Deenjoy in ihrem Land in zehn Jahren nicht halb so gewachsen wären wie hier.

21

Je mehr Blätter gepflückt werden, desto größer ist die Anzahl der nachwachsenden. Wenn die Blätter während der ersten Erntezeit nicht gepflückt werden, kann man vergeblich auf den zweiten Trieb warten. Die Chinesen halten das Pflücken an einem Regentag schlecht für jede Art von Tee und vermeiden es, wenn es irgendwie geht. Wenn wir die großen Blätter für den schwarzen Tee an einem Regentag pflücken, werden sieben Seers oder vierzehn Pfund grüne Blätter gebraucht, um ein Seer* oder zwei Pfund Tee zu machen. An einem Sonnentag braucht man nur vier Seers oder acht Pfund grüner Blätter – so sagen die Chinesen.

Unsere Saison für die Teeherstellung beginnt gewöhnlich Mitte März, die zweite Ernte kommt Mitte Mai und die dritte um den ersten Juli, aber der Zeitpunkt verändert sich, je nachdem, ob der Regen früher oder später einsetzt. Wenn die Teeblätter an einem sonnigen Tag gerollt werden, lassen sie weniger Feuchtigkeit aus als an einem regnerischen Tag. Der Blattsaft läßt mit dem Fortschreiten der Saison nach.«

---

* Seer = Candy; altes indisches Handelsgewicht

Die Teefabrikation

Die Teebüsche müssen gepflegt sein; es muß sorgfältig gepflückt werden. Das Wesentliche für die Erzeugung von Qualitätstee ist aber die Arbeit in der Fabrik. Die Arbeitsgänge zur Herstellung von »orthodoxem Tee« (ich werde diese Bezeichnung später erklären) sind in der Grundtendenz noch dieselben, wie sie die chinesischen Teemacher vor Jahrhunderten entwickelten und dieses Können nach Japan, Indonesien und Indien weitergaben – Welken, Rollen, Fermentieren, Trocknen oder Feuern und Sortieren. Lediglich der immense Arbeitsaufwand für diese fünf Phasen wurde in den siebziger und achtziger Jahren des vergangenen Jahrhunderts durch Technisierung verringert. Damals war die englische Maschinenindustrie in der Welt führend.

Rollen des Tees von Hand.
Chinesisches Aquarell um 1830.

Rösten des Tees auf offenem Feuer.
Chinesisches Aquarell um 1830.

Das Welken,
warum ist es notwendig?

Die Aufgabe des Welkvorganges ist es, das Blatt für das Rollen vorzubereiten, es weich zu machen, so daß es beim Rollen wenig bricht, und um die Zellwände zu öffnen. Wichtig ist, das Blattgut möglichst schnell welken zu lassen und jeder Erwärmung vorzubeugen. Heute stehen dafür große Welktröge von etwa 30 m Länge und 3 m Breite zur Verfügung, auf die die Blätter ungefähr 30 cm hoch gestreut werden. Durch diese Kammern, die mit Plastikfolie abgedichtet sind, wird Luft mit erheblicher Geschwindigkeit in wechselnden Richtungen geblasen. Außerdem wird diese Luft bei feuchtem und kaltem Wetter erwärmt, um eine kurze Welkzeit zu erreichen. Das Teeblatt hat einen Wassergehalt von etwa 75 %, der je nach Welkart – light wither in Assam um 40 %, medium wither um 50 % und hard wither (besonders bei First flush Darjeelings) – um 70 % herabgesetzt wird. Durch die Art des Welkens wird der fertige Tee beeinflußt, denn schon während des Welkens laufen chemische Prozesse im Blatt ab. Das Welken dauert je nach Klima acht bis zwölf Stunden.

Gerade in den letzten Jahren wurde dem Problem des schnellen und gleichmäßigen Welkens durch die Installation neuer Welkanlagen mehr Aufmerksamkeit gewidmet.

Rollen – warum so wichtig?

Durch das Rollen wird das Blatt gedreht, teilweise gebrochen (daher die Bezeichnung »Broken« für alle kurzen, abgebrochenen Aussortierungen) und der Saft aus den Zellen gedrückt. Damit wird bereits der nachfolgende Prozeß, das Fermentieren, eingeleitet. Das Twisten, das Drehen oder Rollen des Blattes, verbessert dessen Aussehen und erhöht den Verkaufspreis.

Roller sind Maschinen, die im wesentlichen aus zwei »Tischplatten« bestehen, die in entgegengesetzter Richtung gegeneinander abwechselnd mit unterschiedlichem Druck gedreht werden. Durch das Rollen steigt die Temperatur des Blattes. Da aber bei 35 Grad bereits die Fermentation einsetzt, wird der Druck vorübergehend zurückgenommen. Durch die Dauer des Rollens und durch die Stärke des gewählten Drucks können außerdem die Anteile an Blatt und Broken des fertigen Tees bestimmt werden.
Beim Rollen bilden sich Blattklumpen.
Daher wird der Tee nach jedem Rollvorgang in den mit einem Sieb ausgestatteten Ballenbrecher gefüllt, wo er unter Rütteln abkühlt. Die feineren Blätter, die durch das Sieb fallen, werden das erste DHOOL genannt. Sie gehen sofort weiter zum Fermentieren. Das größere Blatt wandert zurück in den Roller. Nach dem nächsten Rollen wiederholt sich der Vorgang, und das zweite DHOOL wird abgesiebt. Meist stellt man drei DHOOLs her.
Die Mengen verteilen sich so:

```
1. DHOOL .............................................. – 50%
2. DHOOL .............................................. – 30%
3. DHOOL .............................................. – 15%
4. grobes Blatt ...................................... –  5%
```

Was ist CTC?

Heute unterscheidet der Teehandel zwischen »orthodoxen Tees«, die wie bisher beschrieben hergestellt werden, und den CTC-Tees, die nach der Erfindung dieses Systems durch W. Mc Kercher aus dem Jahre 1931 genannt werden. Es dauerte viele Jahrzehnte, bis sich in der konservativen Welt des Tees CTC durchgesetzt hat. Die Bezeichnung CTC kommt von

C – Crushing – Zerquetschen
T – Tearing – Zerreißen
C – Curling – Rollen

25

Diese zuerst in der Plantage Amgoorie in Assam aufgestellte Anlage hat die Teeproduktion und auch den Teehandel im 20. Jahrhundert nachhaltig beeinflußt. Bei dieser Maschine handelt es sich im wesentlichen um eine Art Mangel. Nach dem ersten Rollen wird das grobe Blatt in die CTC-Maschine eingeführt. Die Blätter werden zwischen zwei Stahlwalzen, die scharf gerippt sind und mit unterschiedlichen Geschwindigkeiten gegeneinander laufen (70–700 U/min.), durchgeschleust. Dabei werden die Rippen vom Blattfleisch gerissen. Durch diesen Vorgang des Zerquetschens wird die Fermentation von 50 auf 38 Minuten verkürzt. Gleichzeitig oder kombiniert werden oft sogenannte Rotorvane-Maschinen benutzt, die ähnlich wie ein Fleischwolf arbeiten und durch die Anwendung von Schnittmessern auch die Verarbeitung gröberer Teile zulassen.
Schon Harler schreibt in seinem Buch aus dem Jahre 1933:

>*Der genaue chemische Unterschied zwischen CTC-Tees und denen, die auf normale (orthodoxe) Weise gemacht sind, ist noch nicht erforscht. Aber es scheint möglich, daß die höhere Oxydation oder Gerbsäure, die die CTC-Anlagen möglich machen, für Qualitätstees unerwünscht ist. Teetester bemängeln, daß CTC-Tees überfermentiert seien und kein Flavour hätten.«*

Solche modernen, wirtschaftlicheren Methoden haben wohl Nachteile; für die Verarbeitung besonders hochwertiger Qualitätstees mit Aroma eignen sie sich nicht.

Die Fermentation

Die Fermentation – die Umwandlung von Grüntee in Schwarztee durch Oxydation unter Mitwirkung von Bakterien – beginnt bereits beim Rollen des Tees. Die ausgesiebten DHOOLs werden zu diesem Zweck in dünnen Lagen ausgebreitet.

Die chemische Umsetzung ist ohne Zweifel der kritischste Vorgang während der Schwarzteeherstellung und erfordert die meiste Sorgfalt und Erfahrung. Die Fermentation muß bis zum rechten Maß fortgeführt werden – diese aber kann kaum mathematisch genau oder sonstwie wissenschaftlich bestimmt werden. Nach Farbe und Geruch beurteilt der Teemacher, wann der Augenblick gekommen ist, die Fermentation abzubrechen. Darüber ein Bericht aus dem Jahre 1893:

> »Dafür wird ein getrennter Raum benötigt, der von der Hitze der Röster abgeschirmt und durch ein doppeltes Dach vor der Sonne geschützt sein muß. Wenn es zu heiß wird, bekommt man keine gute Teefarbe. Der Untergrund sollte aus Zement und leicht zu waschen sein, wenn des Tages Arbeit vorüber ist. Früh in der Saison, wenn das Wetter kalt ist, ist es schwierig, eine gute Farbe zu erreichen. Das Blatt sollte dicker auf Tabletts aus Jute ausgebreitet und nicht gewendet werden: dann steigt die Temperatur schnell. Wenn es draußen wärmer wird, sollte das Blatt nicht höher als gut 10 cm liegen und jede halbe Stunde umgedreht werden, um die Temperatur niedrig zu halten.«

Die Temperatur für die Fermentation sollte zwischen 23 und 26 Grad Celsius liegen, die Luftfeuchtigkeit bei 95 Prozent. Höhere Temperaturen bei der Fermentation verkürzen zwar deren Dauer, beeinflussen aber Aroma und Ergiebigkeit negativ. Die Auswirkung von Über- und Unterfermentation auf die Teequalität ist bekannt:
Überfermentation verursacht einen flachen, toten Geschmack ohne Spritzigkeit, die Farbe des Aufgusses ist tot, trübe, tintig. Obwohl dieser Tee fast ebensoviel Gerbsäure hat wie richtig fermentierter Tee, schmeckt er nicht so kräftig. Tee, dessen Fermentation richtig durchgeführt und im richtigen Augenblick abgebrochen wurde, hat ein kupferfarbiges Aussehen (einer neuen Einpfennigmünze ähnlich) und zeichnet sich durch eine Kombination von

Kraft, Ergiebigkeit und Frische aus. Kühlt der Assamtee ab, fällt Gerbsäure aus: der Tee »kremt« und sieht wie mit Sahne versetzt aus – eine Erscheinung, die von den Ostfriesen sehr geschätzt wird. An der Farbe des abgekühlten Tees, die nicht weißlich, sondern rötlich sein sollte, kann der Teefachmann noch einmal die Qualität des Tees und dessen Bearbeitung erkennen. Der Gerbsäureanteil liegt bei 12 %.

Zu kurz fermentierter Tee hat eine rauhe und hell aussehende Tasse, die bitter schmeckt. Der Tanningehalt (Gerbsäure) liegt bei 15 %; er nimmt allerdings im Laufe der Monate während der Lagerung durch Nachfermentierung langsam ab.

In modernen Fabriken wird seit einigen Jahren nicht mehr auf Tischen fermentiert, sondern in Schalen aus Aluminium. Sie haben als Boden ein durchlässiges Sieb, durch das während des Fermentationsprozesses warme Luft geblasen wird. Diese Luftzufuhr beschleunigt die Fermentation.

Das Trocknen (Firing)

Die Pflanzer in Indien und Indonesien arbeiteten anfangs wie die Chinesen. Der gerollte Tee wurde in einer eisernen Pfanne über die Feuerstätte gestellt und danach auf Tabletts über offenem Feuer getrocknet. Heute sind Heißlufttrockner von Britannia oder Sirocco im Einsatz, die mit Öl, selten noch mit Kohle beheizt werden. Das feuchte Blatt wird auf einem Endlosband und bei Temperaturen um 90 Grad in etwa 25 Minuten getrocknet. Dadurch wird die Fermentation beendet und der Feuchtigkeitsgehalt auf unter 1–5 % herabgesetzt. Dieses gut hundert Jahre alte System des Trocknens wurde vor kurzem durch den »Flue Bed Dryer« ersetzt, in dem das feuchte Teeblatt in einem heißen Luftstrom schwebt und dabei getrocknet wird. Die Vorteile dieser Methode sind eine dreifache Leistung bei einem Drittel Energieverbrauch.

Das Sortieren

Nach dem Trocknen wird der fertige schwarze Tee abgekühlt. Er besteht dann noch aus einer Mischung verschiedener Blattgrade, also aus Teeblättern oder Teeblatteilen verschiedener Größe, die getrennt werden, um für den Verkauf gleichmäßige Tees anbieten zu können. Sortiert wird mit Hilfe mechanischer Rüttelsiebe. Diese Maschinen ähneln unseren Kartoffelsortiermaschinen. Sie sind mit unterschiedlich feinen Siebgrößen ausgestattet. Das feine Blattmaterial wird durch Stufensiebe in vier bis sechs Grade sortiert (Blattsorten). Das zu große Blatt wird in einer Schneidemaschine (Cutter) zerkleinert und getrennt gesiebt.

Der Vorgang des Sortierens ähnelt also noch dem in China früher üblichen Sortieren durch ein Bambussieb – nur wird heute durch den Einsatz von Maschinen größere Wirtschaftlichkeit und eine exaktere Sortierung erreicht.

Die technische Entwicklung schreitet rapide fort. Sie ändert vieles, genau wie die sich ändernden Konsumgewohnheiten des Teetrinkers.

Eine durchschnittlich große Plantage in Assam produziert in jedem Jahr in acht Monaten etwa eine Million Kilogramm, also 5000 Kilogramm fertigen Tees pro Tag. Diese Menge kann heutzutage mit etwa 150 Arbeitern in der Fabrik bewältigt werden – früher wären dafür Tausende benötigt worden.

Die Endlosproduktion setzt sich immer mehr durch: im Laufe des Tages kommt das gepflückte Blattgut aus den Feldern und wird gewelkt; nachts beginnt das Rollen und die Bearbeitung im CTC-System sowie das Fermentieren. Den ganzen nächsten Tag über dauert das Trocknen und Sortieren, wobei mit dem Sortierer ein Stalkentferner (Stalks sind die bräunlichen Blattrippen) und ein Brecher für die großen Teile gekoppelt werden.

Der nun fertige Tee wird in großen Silos nach Blattgraden (also Größen) getrennt gelagert. Wenn genug Tee für eine Partie (Invoice genannt) gefertigt wurde, wird er der Gleichmäßigkeit halber gemischt und erhält, um viele Monate haltbar zu bleiben, ein

»pukkabhattiing«, ein letztes Trocknen, denn inzwischen hat er wieder Feuchtigkeit aufgenommen. Nur trockener Tee ist haltbar.

Verteilung der Blattgrade in %
in Nordindien

100% orthodox		Rein orthodoxe Herstellung
TGFOP	0,5 %	Tippy Golden Flowery Orange Pekoe
GFOP	11,5 %	Golden Flowery Orange Pekoe
FOP	9,8 %	Flowery Orange Pekoe
GFBOP	3,7 %	Golden Flowery Broken Orange Pekoe
FBOP	53,2 %	Flowery Broken Orange Pekoe
GBOP	2,6 %	Golden Broken Orange Pekoe
BOP	2,6 %	Broken Orange Pekoe
GFOF	0,8 %	Golden Flowery Orange Fannings
OF	6,2 %	Orange Fannings
PD	1,9 %	Pekoe Dust
D	2,0 %	Dust
CD	2,1 %	Powdery Dust
CDI	2,4 %	Powdery Dust Secondary

100% CTC		Reine CTC-Bearbeitung
BPS	2,3 %	Broken Pekoe Souchong
BOP	12,5 %	Broken Orange Pekoe
BP	15,9 %	Broken Pekoe
PF	38,6 %	Pekoe Fannings
PD	13,5 %	Pekoe Dust
D	4,5 %	Dust
CD	0,9 %	Powdery Dust
D1	6,0 %	Dust 1
CD1	3,8 %	Powdery Dust Secondary

Teegeschichte – Weltgeschichte in Jahreszahlen

221 v. Chr.	wird in chinesischen Geschichtsquellen erstmals eine Teesteuer erwähnt.
6. Jh. n. Chr.	kommt Tee mit Buddhisten nach Japan.
780	schreibt der Chinese Lu-Yu das Teebuch »Tscha-King«.
im 8. Jh.	wird der Kanal zwischen Nil und Rotem Meer zugeschüttet. – Abbruch direkter Verbindung zwischen Europa und dem Fernen Osten.
1245	reist der Franziskaner Carpini in die Mongolei.
1262	bringt Eison in Nara ein Teeopfer dar; heute noch alljährlich erinnert.
1271 – 1295	hält sich Marco Polo in der Mongolei und in China auf.
1453	erobert Sultan Muhammed II. Konstantinopel, der Landweg in den fernen Osten ist gesperrt.
1492	erreicht Kolumbus Westindien, aber das liegt in Amerika.
1497/1498	erreicht Vasco da Gama Indien.
1512	segeln portugiesische Schiffe bis zu den Molukken (indonesische Inselgruppe).
1517	Portugiesen in Südchina (Kanton).
1543	Portugiesen in Japan.
1551	trifft der Jesuit Francisco Xavier in Japan ein.
1559	berichtet Giovanni Battista in Venedig über Tee.
1591	wird der Teeweise Rikiyu in Japan zur Selbsthinrichtung verurteilt.

um 1600	Jesuiten in China (Matteo Ricci).
1600	erteilt Königin Elisabeth I. von England ein Handels-monopol an »The Governor and Merchants of London Trading into East Indies«.
1610	kommt auf einem Schiff der Holländisch-Ostindischen Kompanie Tee nach Europa.
1637	bestellt die Holländisch-Ostindische Kompanie regelmäßige Teelieferungen in China und Japan – untersagt ein Edikt der Tokugawa Japanern Auslandsreisen. Auf der Insel Deshima vor Nagasaki bleibt den Holländern ein Handelsposten.
1644	ordert die Britisch-Ostindische Kompanie »hundert Pfund Tee von der besten Sorte«.
1651	setzt Cromwell in der Konkurrenz um die Seevormacht die »Navigationsakte« gegen Holland durch.
1655–1657	reist Johan Nieuhof mit einer holländischen Gesandtschaft aus Batavia (Djakarta) nach China.
1662	heiratet Katharina von Braganza den englischen König Karl II. und führt am Hof die Teestunde ein.
1679	macht Kornelius Bontekoes »Tractat van het excel-

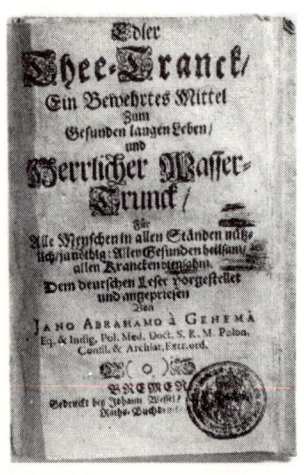

»Edler Thee-Tranck« von Jano Abrahamo à Gehema Bremen 1686 Gedruckt bey Johann Wessel Raths-Druckerei

Thea viridis.

Teepflanze

Die Tafel zeigt einen blühenden Zweig des Gewächses.
1) Der Kelch mit dem Stempel. 2) Ein Kelchblättchen,
3) ein äußeres und 4) ein inneres Kronenblatt 5)die in einen
Kranz verwachsenen Staubgefäße von den Kronenblättern
getrennt, 6)der Stempel, 7) der Fruchtknoten quer durchge-
schnitten, 8) die aufgesprungene Steinfrucht, 9) eine Nuß
derselben noch ganz und auch 10) aufgeschnitten, 11) der
Same und 12) derselbe der Quere und 13) der Länge nach
aufgeschnitten 14) der Keim mit den Samenlappen wie bei
13) und auch 15) in einer anderen Richtung gesehen.
16) Derselbe in letzterer Richtung durchschnitten, so daß
der Schnitt durch beide Samenlappen geht.

Bild rechts: Hier sehen Sie den Aufguß von fünf Blattgraden (von oben nach unten):

1) Siebung: grob OP; Teesorte: Ceylon OP; Teeblatt: Die Länge und Art der Partikelchen ist nicht einheitlich und besteht aus Blattrippen, Aufguß: Tasse leicht, mit Aroma.

2) Siebung: Blattsiebung aus feiner Pflückung FTGFOP1, TGFOP oder GFOP; Teesorte: China Keemun; Teeblatt: Gleichmäßig und gut gedreht. Aufguß: Tasse mittel, mit viel Aroma.

3) Siebung: Broken, FBOP, GFBOP, GBOP; Teesorte: Assam GFBOP; Teeblatt: Gleichmäßige Brokenteile aus dem Blattfleisch. Mit Tips = Goldspitzen; Aufguß: Kräftige, dunkle Tasse, mit Aroma.

4) Siebung: Fanning BOPF; Teesorte: First flush Darjeeling BOPF; Teeblatt: Gleichmäßig gesiebte Kleinteile aus dem Blattfleisch; Aufguß: Kräftige, helle Tasse.

5) Siebung: CTC Verarbeitung BOP; Teesorte: Assam BOP; Teeblatt: Durch das moderne Schneidverfahren entsteht eine sehr konforme Struktur; Aufguß: Tasse kräftig und sehr dunkelfarbig.

Bild unten: Eine Teemischung ist nicht die Addition ihrer Anteile. Die Aufnahme zeigt vier verschiedene Sorten Tee und dementsprechenden Aufguß.

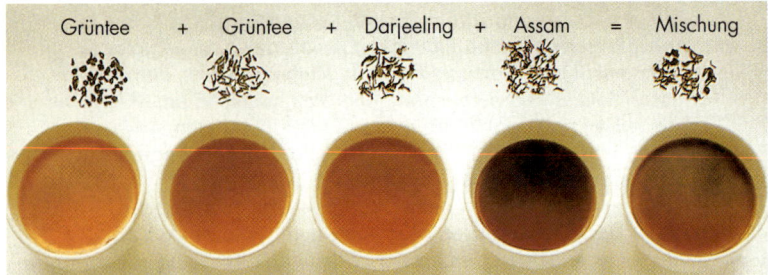

| Grüntee | + | Grüntee | + | Darjeeling | + | Assam | = | Mischung |

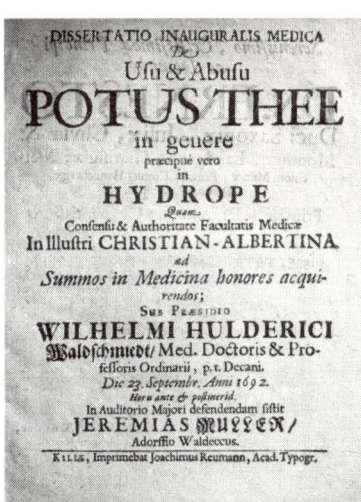

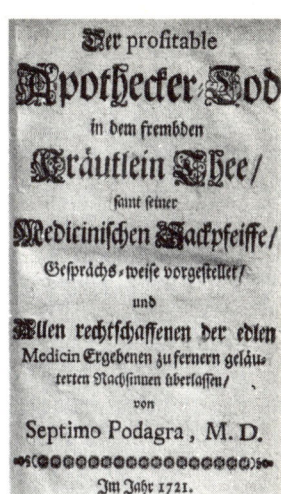

Abb. links: Erste Doktorarbeit über die medizinische Wirkung des Tees. Anno 1692 – Abb. rechts: Schon frühzeitig glaubt man an die Heilkräfte des Tees. Anno 1721.

	lenste kruyt thee« den Tee in Europa allgemein bekannt.
um 1750	ist Tee britisches Nationalgetränk geworden; eine Londoner Arbeiterfamilie gibt durchschnittlich fünf Prozent ihres Einkommens für Tee aus.
1773	Boston Tea Party – Selbständigkeit der USA.
Ende 18. Jh.	macht der Tee-Export aus Kanton 80 Prozent des Chinahandels mit Europa aus.
1825	entdeckt Major Robert Bruce den Teebaum »Thea assamica« in den Wäldern von Manipur.
1831	läuft das China-Handelsmonopol der Britisch-Ostindischen Kompanie aus.
1834	gibt William Bentinck den entscheidenden Impuls zum Teeanbau in Indien.
1838	geht die erste Teesendung von den Plantagen in Assam zur Versteigerung nach London.

1839–1842	Im »Opiumkrieg« unterliegt China den Briten, es muß fünf Häfen öffnen und Hongkong abtreten.
1853	US-Admiral Perry vor der japanischen Küste, Ultimatum zur Öffnung der Häfen.
1866	Das berühmte »Tee-Rennen«; drei Schiffe segeln in 99 Tagen von Foochow (Futschou) nach London.
1869	wird der Suez-Kanal eröffnet – Dampfschiffe verdrängen die Klipper.
um 1880	entstehen erste Teeplantagen auf Ceylon.
1964	wird die Teesteuer in Großbritannien abgeschafft.
um 1990	wurden pro Jahr rund 2,5 Millionen Tonnen Tee auf der ganzen Welt produziert. In England verbrauchte man sechs Pfund pro Kopf und Jahr, in der Bundesrepublik Deutschland 220 Gramm.

Die gute Tasse Tee, aber wie?

Es beginnt schon beim Einkauf: Tee darf nicht zu lange liegen. Firmen, die auf sich halten, verwenden stets nur Tee, der nicht älter als einige Monate ist, und Teetrinker, die auf sich halten, kaufen nur dort, wo sie auf frische Ware rechnen können. Das ist in den meisten Fällen das Spezialgeschäft, ganz gleich, ob es als Ladenlokal oder Spezialversandgeschäft beschrieben wird.

Auch der feinste und teuerste Tee ergibt nur bei liebevoller und sachkundiger Behandlung ein Ergebnis, das die Erwartungen des Teefreundes erfüllt.

Die richtige Teezubereitung

Es braucht nur wenig Zeit, um ein paar Handgriffe und Verrichtungen durchzuführen. Natürlich ist dies bei weitem noch nicht Chanoyu, die japanische Teezeremonie, sondern einfach nur eine gute Tasse Tee. Aber die Zeit, die sich der Teefreund für die Zubereitung seines Getränks nimmt, ist auch eine besinnliche Pause, eine Einstimmung auf den kommenden Genuß.

An Zutaten brauchen Sie: Tee und Wasser.
Als Teenovize, wenn Ihnen also die *goldenen Regeln des Tees* noch nicht in Fleisch und Blut übergegangen sind, müssen Sie zunächst einmal Ihre *Teesorte* finden. Manche kommen ihr Leben lang mit einer aus. Andere brauchen mehrere: eine für den Mor-

gen und eine für den Abend, eine für den Alltag und eine besondere für festliche Anlässe. Am besten fragen Sie Ihren Teelieferanten nach Vorschlägen.

Mittlerweile gibt es auch von Teefreunden geführte Läden in kleineren Städten. Ähnlich wie bei anderen Genüssen, etwa dem Wein, empfiehlt es sich, zunächst mit den einfachen Sorten zu beginnen, daran den Geschmackssinn zu schulen, um danach die feinen Nuancen der großen Teegewächse um so besser würdigen zu können.

Der Teefreund verfügt über einen Vorrat verschiedener Sorten für unterschiedliche Anlässe, dazu den Lieblingstee gerngesehener Gäste. Dabei achtet er auf die richtige Aufbewahrung, damit sein Schatz nicht an Aroma verliert. Tee soll in luftdicht verschlossenen Behältern aufbewahrt werden. Besonders geeignet sind solche aus Glas und Porzellan, zu akzeptieren ist auch Holz, wenn dieses, wie in Ostasien üblich, innen und außen geruchsfrei lackiert ist. Blechdosen können nur empfohlen werden, wenn der Tee darin noch einmal verpackt ist, möglichst in Pergamentpapier. Tee darf nie in der Nachbarschaft stark riechender Lebensmittel oder anderer Produkte aufbewahrt werden.

Doch nun geht es los:

Zunächst die **Teekanne.** Sie soll einzig und allein eine Teekanne sein – nichts anderes als Tee hat in ihr etwas zu suchen. Schon gar kein Spülmittel. Die Patina, der schwarzbraune Teeansatz, ist dem Geschmack nicht abträglich. Wem Porzellan, Steinzeug oder Glas zu zerbrechlich ist, benutze eine Kanne aus Silber (aber mit Patina!). Unedle Metalle sind ungeeignet, denn mit ihnen geht die Gerbsäure des Tees Verbindungen ein. In jedem Falle soll die Kanne vor dem Aufgießen erwärmt werden, am besten durch Ausschwenken mit heißem Wasser.

Aussehen, Geschmack und Aromaentwicklung des Tees werden in der Hauptsache vom **Wasser** und dem **Aufguß** bestimmt. Noch vor zwei Jahrzehnten versorgten sich ländliche Gebiete mit eigenen Brunnen oder Dorfwasserleitungen selbst, Städte mit einfach gefiltertem Brunnen- oder Flußwasser. Die Zusammensetzung des Wassers konnte extreme Unterschiede aufweisen, und durch die geologischen Gegebenheiten an den Orten der Wassergewinnung konnte die Wasserbeschaffenheit innerhalb weniger Kilometer schon vollkommen anders sein.

Je feiner ein Tee ist, desto weniger darf das Wasser einen durch gelöste Stoffe (Salz und Härte) bedingten Eigengeschmack haben. Ein kräftiger Tee dagegen kann ein mineralreiches Wasser mit entsprechendem Eigengeschmack besser vertragen. Neben der Wasserhärte spielen auch der Eisengehalt und organische Beimengungen (Moorwasser) eine Rolle. Aus diesem Grunde ist es zweckmäßig, sich bei der **Auswahl der Teesorten** nach der **natürlichen Wasserbeschaffenheit** zu richten. Als weithin bekanntes Beispiel sei daran erinnert, daß das Emsland und nicht zuletzt Ostfriesland besondere Teemischungen bevorzugen, die schon in früheren Zeiten trotz des damals nicht »teefreundlichen« Wassers eine passable Tasse Tee ermöglichten.

Hartes und gechlortes Wasser machen gerade die feinen Tees ungenießbar. Am widerstandsfähigsten sind noch die bekannte englische oder ostfriesische Mischung, Ceylon Broken Orange Pekoe, Earl Grey, Ceylon-Darjeeling-Mischung, Darjeeling-Assam. Für extreme Fälle gibt es Filter (Ihr Teehändler berät Sie; Sie brauchen sich nur von Ihrem Wasserwerk den Härtegrad des gelieferten Wassers nennen zu lassen), für nicht ganz so schlimme hilft es schon, das Wasser nicht einmal, sondern zweimal kurz bei geöffnetem Kessel aufwallen zu lassen. Nie aber dürfen Sie das Wasser brodelnd »totkochen«; deshalb ist auch der Heißwasserhahn des Boilers für Tee ungeeignet. Für die köstlichsten Spitzentees verwendet man notfalls einmal Selters- oder Regenwasser.

Die **Intensität des Aromas** und die Stärke des Tees hängen nicht nur von der verwendeten Teemenge, sondern auch von der richtigen **Dauer des Ziehens** ab. Von der Regel »pro Tasse einen gestrichenen Teelöffel« mag jeder nach Belieben nach oben oder unten abweichen (nicht aus Sparsamkeit, denn mehr als zwanzig Pfennig kostet eine gute Tasse Tee nicht), **länger aber als fünf Minuten sollte der Tee nicht ziehen.** Bei »Broken«-Mischungen genügen auch vier Minuten, und will man einen besonders **anregenden Tee,** nimmt man eine etwas größere Menge und läßt den Aufguß nur **zwei Minuten ziehen** – das Teeblatt hat dann seinen vollen Tein-Gehalt schon abgegeben. Für den **Abendtee** sollte man – wenn man sonst nicht schlafen kann – wenig Tee nehmen und etwa zehn Minuten ziehen lassen.

Letzte Handlung Ihrer Teezeremonie: Nach dem Ziehen sollte der Tee in eine Servierkanne gegossen werden, die natürlich gleichfalls zuvor erhitzt sein will. Benutzt man eine Teesiebkanne mit herausnehmbarem Einsatz, kann man sich diesen Punkt sparen. Nicht zu empfehlen ist allerdings das Tee-Ei aus Porzellan oder gar aus Metall: wie ein Käfig hindert es das Aroma an der feinen Entfaltung.

Das alles gilt für den bei uns normalen **schwarzen Tee.** Da die Zahl derer steigt, die den **grünen Tee** probieren und dabei lieben lernen, hier noch ein paar Worte über die Besonderheiten seiner richtigen Zubereitung:

Die Zubereitung von grünem Tee

Für den Aufguß kann – im Gegensatz zum Schwarztee – kein sprudelnd kochendes Wasser empfohlen werden. Der Grund: **Grüntee** hat mehr frische, nicht oxydierte Gerbsäure und ist daher im allgemeinen bitterer. Die Japaner gießen sehr feine Grüntees mit einer Wassertemperatur von nur 50 bis 70 Grad auf und sieben die Blätter bereits nach drei Minuten ab. In China gießt man 70 bis 80 Grad heißes Wasser auf und läßt den Tee etwa fünf Minuten ziehen (nach persönlichem Geschmack kürzer oder länger).

Für Grüntee also die Empfehlung:
anregender Tee – durch mehr Teeblätter;
erfrischender Tee – durch nur warmes Wasser und kurze Ziehdauer;
ist der Tee zu bitter – wenig Teeblätter und weniger heißes Wasser.

Schließlich muß die Frage nach Zucker und Milch als Zutaten gestellt werden. Süße Milch und »ein wenig Saltz« nahmen die Chinesen in ihren Tee, wie Johan Nieuhof nach seiner China-Reise im 17. Jahrhundert berichtete. Doch die Zeiten haben sich gewandelt. In Ostasien trinkt man den Tee – hauptsächlich grünen – »ohne alles«. Die Sitte, ihn mit Milch und Zucker zu würzen, kommt aus England zu uns. Sie ist mit der Verwendung des von den Engländern so geliebten starken schwarzen Tees verbunden, wie sie ihn in Assam und Ceylon anbauten und heute zum großen Teil aus Ostafrika beziehen.

Tatsache ist, daß Zucker – in Maßen verwendet – verborgene Duftstoffe und zartes Aroma zur vollen Entfaltung bringt.

Gutes Wasser für Tee

Das Wasser ist eine Gottesgabe, die in unseren Breiten reichlich vorhanden ist, da wir in den gemäßigten Klimazonen leben. Durch regelmäßigen Regen kann sich immer wieder ausreichend Grundwasser bilden, und es gibt genug Trinkwasser. Wassermangel dagegen ist ein kaum lösbares Problem in den sich ausweitenden Trockenzonen, besonders in Afrika, ebenso wie Wasserüberfluß in Feuchtgebieten wie Assam während der Monsunzeiten. In unseren Regionen stagniert der Verbrauch seit gut einem Jahrzehnt, während er in den Entwicklungsländern in den letzten Jahrzehnten um ein Vielfaches zugenommen und sogar noch steigende Tendenz hat.

Aber nicht nur dies wird ein Problem der Zukunft sein, viel folgenschwerer für alle Länder ist die Verunreinigung des wertvollen Grundwassers mit Nitraten und chlorierten Kohlenwasserstoffen durch industrielle Abwässer, durch die Landwirtschaft und – das sollte sich jeder vor Augen halten – auch durch unser eigenes Verhalten, und zwar in vielerlei Form.

Weil **unser Wasser** einen so schlechten Ruf in den Medien hat, aber so wichtig für den Tee ist, habe ich Chemiker und Wasseringenieure befragt und bin zu dem Ergebnis gekommen, daß die Wahrheit in der Mitte liegt. Gesetzliche Vorschriften wie die Trinkwasserversorgung, das Bundesseuchengesetz, das Wasserhaushaltsgesetz, das Waschmittelgesetz und mehrere DIN-Vorschriften sollten von uns befolgt werden, um einigermaßen »gutes« Wasser zu erhalten. Ein wichtiger Schritt dürfte eine weitere Beachtung des Waschmittelgesetzes mit der Einführung des Härtebereichs und deren Beachtung sein.

Härtebereich	1	Wasserhärte	0–7	weich
	2		7–14	mittel
	3		14–21	hart
	4		über 21	sehr hart

Anhand unserer Ermittlungen läßt sich feststellen, daß sich **das Wasser in der Bundesrepublik** von wenigen Ausnahmen abgesehen im mittleren Härtebereich bewegt und daher **für die Zubereitung von Tee gut geeignet** ist. Zumal wenn man berücksichtigt, daß bei größeren Unterschieden der Minimal- und Maximalhärte hartes Wasser nur in begrenzten Gebieten und nur temporär abgegeben wird.

Teesitten in China und anderswo

Beim WIE des Teetrinkens beginnen wir ehrfurchtsvoll mit dem Mutterland der Teekultur, dem Reich der Mitte. Dieses alte, große Kulturland entwickelte im Laufe seiner langen Teegeschichte die unterschiedlichsten Arten, Tee zu bereiten und zu genießen. Bei dieser Vielfalt ist es bis heute geblieben.

Vor über tausend Jahren beschrieb der erste Teeliterat der Weltgeschichte, Lu Yu, eine der damals üblichen Gewohnheiten:

> »Um Tee zu bereiten, röste einen Teekuchen, bis er rötlich wird, zerbröckle ihn in kleine Stücke und lege diese in einen Porzellantopf. Gieße kochendes Wasser darauf und füge Zwiebeln, Ingwer und Orange hinzu.«

Teetrinkender Chinese.
Amsterdam 1688.

In der sich anschließenden Sung-Zeit wurde grüner, geschlagener Pulvertee modern, den die Japaner dann zur japanischen Teezeremonie weiterentwickelt haben. Für die damalige Beliebtheit dieses Tees sprechen so blumige Namen wie *Acht Genien, Silberne Perle* oder *Drei und drei.* Anno 1655 berichtet uns der Holländer Nieuhof in seinen Reiseberichten aus Peking erstmals von der durchaus unüblichen Sitte, Tee mit Milch zu trinken. 1659 schreibt ein Jesuit aus China, daß die Chinesen manchmal, wenn sie es eilig hätten, statt einer Mahlzeit einfach zwei Eigelb mit Puderzucker in ihren Tee schlagen würden.

Aber ich will nicht nur auf solche Besonderheiten hinweisen, sondern auch mit der **alten chinesischen Zubereitungsart** bekannt machen, die für uns heutige teetrinkende Europäer eher ungewöhnlich ist:

Chinesische Teesitten

Teegenießer verwenden dazu ein Teeset aus einer kleinen Teekanne und vier kleinen Schälchen ohne Henkel. Diese können aus feinem Porzellan oder Ihsing-Steinzeug gefertigt sein. Zuerst wird das Geschirr mit heißem Wasser abgespült. Die Teeblätter – am besten ein feiner Keemun oder Oolong – werden in der Kanne mit der Hälfte des erforderlichen Wassers überbrüht. Wenig später wird mit frisch gekochtem Wasser aufgefüllt. Schon nach etwa einer Minute wird der erste Tee in die Schalen gegossen – der **Tee des Wohlgeruchs.** Auf dieselben Blätter wird dann ein zweites Mal kochendes Wasser gegossen, der Tee aber etwas länger ziehen gelassen – der **Tee des Wohlgeschmacks.** Unbedingt wird dann ein drittes Mal aufgebrüht – der **Tee der langen Freundschaft.** So können dieselben Blätter fünfmal aufgebrüht werden. Man nehme aber etwas mehr Teeblätter als gewöhnlich. Wenn Sie kleine Schalen und eine kleine Teekanne verwenden, werden Wohlgeschmack und Duft wunderbar zur Geltung kommen. Versuchen Sie es einmal!

Von den Tees, die heute in China getrunken werden, sind mehr als drei Viertel **traditionelle Grüntees.** Nur die Konsumenten im Norden und in städtischen Kreisen, die mit Europäern Kontakt hatten, bevorzugen **Schwarztee.** In diesem Riesenstaat mit großen Kommunikationsproblemen sollte man jedoch alle Statistiken mit Vorsicht betrachten. Nach den vorliegenden Zahlen der Teeproduktion, der Ausfuhr und einer Bevölkerung von etwa einer Milliarde müßte der Pro-Kopf-Verbrauch pro Jahr bei dreihundert Gramm liegen, also nur zwanzig Prozent höher als bei uns. Ich schätze mindestens die doppelte Menge, da wohl neunzig Prozent der Chinesen ausschließlich Teetrinker sind. In dichtbesiedelten und flächenmäßig ausgedehnten teeproduzierenden Provinzen scheint entgegen den offiziellen Statistiken viel Tee getrunken zu werden.

Sorgfältig gepflückter und handgerollter Grüntee aus China. Getrocknet und im aufgegossenen Zustand.

Himalaya – Indien – Rußland

Teetrinken hat sich von China aus über ganz Asien ausgebreitet. Überall dorthin, wo Chinesen handelten und lebten. Lange bevor Indien den Tee kannte, bereiteten die Völker des **Himalaya** ihren **Buttertee**, dessen Genuß uns seltsam anmutet. Der erste englische Reisende, der die Grenzgebiete **zwischen Tibet und Indien** vor zweihundert Jahren bereiste, beschreibt die Zubereitung: »Zum Frühstück trinken die Bewohner des Berglandes fünf bis zehn Tassen. Wenn die Hälfte getrunken ist, mischt man den Rest Tee mit gemahlener Gerste, so daß man eine Paste bekommt. Man kocht in 1 l Wasser etwa 1 Unze* Ziegeltee mit der gleichen Menge Soda. Nach dem Absieben wird der Extrakt im Verhältnis 1 zu 10 verdünnt und gesalzen. Das Ganze wird mit einer Handvoll Butter so lange umgerührt, bis die Flüssigkeit wie Schokolade aussieht.« Auch die **Russen** haben den Teegenuß aus China übernommen, die Zubereitung aber abgeändert. Sie haben den Samowar erfunden. Zum Ziehen wird Tee-Extrakt in einer kleinen Kanne auf den **Samowar** gestellt. Jedes Teeglas wird zu einem Viertel mit Extrakt, zu drei Vierteln mit dem kochenden Wasser des Samowars aufgefüllt. Wegen der Bitterkeit nimmt man viel Zucker, bevorzugt wird Kandis und süße Marmelade, teils auch Zitrone. Die einfachen Leute lieben es, ein Stück Kandis in den Mund zu nehmen. In jeder Stadt sind die »Chainaya«, die Teehäuser, vom frühen Morgen bis in die Nacht voll von Teetrinkern. In Rußland sind milde **China-Tees** und **Darjeelings** beliebt. In der letzten Zeit trinkt man aber auch dort andere Teesorten, sogar CTC-Brokens werden importiert, und der Samowar verliert wegen der kleiner gewordenen Familie seine Bedeutung. Der Pro-Kopf-Verbrauch beträgt achthundert Gramm. Vom Westen her breiteten sich nun die englischen Teesitten aus und setzten sich besonders in den Ländern des früheren »British Empire« **Indien, Pakistan** und **Malaysia** durch. Seltsamerweise fand **Indien** selbst erst während der letzten Jahr-

---

* 1 Unze = ca. 30 g

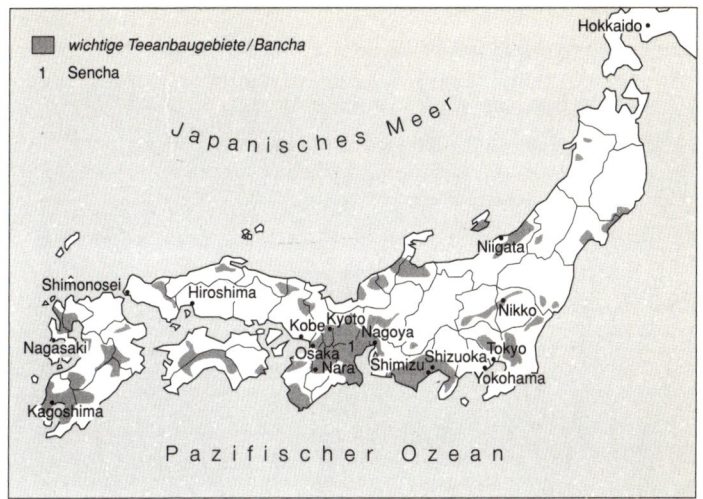

Teeanbaugebiete in Japan.

zehnte den Weg zum Tee. Trotz des geringen Pro-Kopf-Verbrauches von fünfhundert Gramm zählt dieses Land zu den größten Teekonsumenten. Statistiker rechnen heute schon aus, daß bei weiterem Ansteigen bis zum Jahre 2000 dieses Land zum Teeimporteur werden muß. Bevorzugt werden CTC-Fannings mit äußerst hoher Ergiebigkeit, die mit Milch getrunken werden.

Japan

Der Japaner bleibt trotz aller modernen Errungenschaften der Tradition verhaftet und weiterhin Teetrinker. Der Tribut gewisser Kreise an die Moderne, der Genuß westlicher Getränke wie Kaffee und Cola spielen eine zweitklassige Rolle. Aus alten Zeiten und nach bewährter Sitte haben die Japaner eine ungeschriebene Hochachtung vor dem Tee, hat dieser doch eine immense Bedeutung für ihre gesamte Kultur.

Zu Hause wird Tee mit »o cha« angesprochen, was soviel bedeutet wie »ehrenwerter Tee«. Die »Japanische Teezeremonie« – eine Kulthandlung, durch viele Jahrhunderte von Mönchen und geehrten Teemeistern verfeinert – wird jeder einigermaßen gebildete Europäer kennen. Diese **Zensitte,** die in einem hohen Maß Kunst und Natur, Reinheit, Stille und raffinierte Perfektion harmonisch vereint, wird weiter von **Teeschulen** gepflegt. Sie ist immer noch Teil der klassischen Erziehung und der Kultur Japans mit nicht zu unterschätzendem Einfluß nach außen.

Das tägliche Getränk aber ist nicht der kompliziert zubereitete **Pulvertee** mit seiner fremdartigen Bitterkeit, sondern grüner Tee, der zu Hause oder in den vielen Teehäusern und Restaurants getrunken wird. Der Verbrauch liegt bei über tausend Gramm pro Kopf und Jahr, ist also viermal so hoch wie bei uns.

Der grüne Tee stammt nur noch zum Teil aus eigener Ernte. Für die angewachsene Bevölkerung liefern heute Indien und Taiwan Teesorten, die dem japanischen Geschmack entsprechen. Ungewöhnlich für uns ist die geringe Aufgußtemperatur für Grüntees – je feiner der Tee, desto geringer die Temperatur. Bei der feinsten Sorte, dem *Gyokuro*, übersteigt diese kaum 60 Grad, der übliche *Bancha* wird mit 80 Grad aufgebrüht. **Serviert** wird in der typischen **japanischen Teekanne,** getrunken meistens noch wie früher aus der Schale ohne Henkel, den ja erst die Europäer an die Tasse fügten.

In Teehäusern, Clubs und Restaurants ist der Teegenuß viel verbreiteter als bei uns, da der Japaner wegen der engen Wohnungen Freunde und Bekannte ja außer Haus einladen muß. In den besseren städtischen Kreisen wird es zunehmend schick, neben Bohnenkaffee Schwarztee besonderer Qualität anzubieten. Das führte bei Darjeelingtees zu einer Preis-Explosion für Spitzenernten.

England –
die Teetrinkernation No. 1

Wenn wir von der Betrachtung der Teekultur in den asiatischen Kulturländern unseren Blick nach Europa wandern lassen, fällt vor allem England mit seiner besonderen Beziehung zum Tee auf. Und zwar nicht nur durch seinen Einfluß auf Anbau und Bearbeitung des Produktes weltweit – die Entwicklung und Anwendung moderner Technologien durch Engländer machten erst eine Produktionssteigerung und Verbilligung des Tees möglich – auch die Genußkultur der wohlhabenden Insel brachte viel Neues in die alte Welt des Tees.

Der englische Hochadel beim Frühstück.

49

Weshalb wurde der Engländer zum Teetrinker, wenn doch Hunderte von Kaffeehäusern im London des 17. Jahrhunderts so große Anziehungskraft ausübten und folglich Kaffee dem englischen Geschmack zu entsprechen schien? Man kann darüber streiten, ob es am Vorbild des doch keineswegs so vorbildlichen Hofes von St. James lag, an dem die portugiesische Gemahlin Charles' II. das Teetrinken einführte. Sie war 1661 bereits als Teefan aus ihrer Heimat in London angekommen.

Oder waren es die Juden, die Cromwell aus ihrem Exil in Amsterdam zurückholte? Oder war es die gute Werbung für Tee? Die erste Anzeige erschien am 23. September 1658 im »Mercurius politicus« mit der brandneuen Information, daß ein bisher unbekanntes Getränk aus China, von den Chinesen »Tcha«, von den anderen Nationen »Tay« oder »Tee« genannt, den Beifall der Ärzte gefunden habe und im »Sultan's Head«, einem Kaffeehaus nahe der Royal Exchange, verkauft werde.

Oder lag es daran, daß die EIC, die East India Company – im Volksmund John Company genannt –, vor zweihundert Jahren Portugiesen und Holländer gleichermaßen mit englischer Sturheit bedrängt hatte und langsam aber sicher im Chinahandel die Nummer eins geworden war? Ein Weltreich für sich, das Könige ab- und Generalgouverneure einsetzte, Armeen aufstellte und Kriege führte – und mit Tee (aber auch mit Opium) handelte und damit viel Geld verdiente. Aber lassen wir diese Spekulationen. Der Arbeiter aus Birmingham, der morgens um sechs Uhr seinen Tee schlürfte, oder die Lady beim »afternoon tea« im Savoy oder im Ritz werden sich an ihrer Tasse Tee erfreuen und kaum darüber nachdenken, weshalb Engländer ein Volk von Teetrinkern sind.

Es ist wohl auf die den Engländern eigene konservative Beharrlichkeit zurückzuführen, daß weder Kaffee noch moderne Getränke wie etwa Coca Cola dem Tee den Rang als Lieblingsgetränk streitig machen konnten.

Der Teekonsum in England

Und doch hat es fast zwei Jahrhunderte gedauert, bis der Tee auf der Insel den üblichen Gin und das Bier verdrängt hatte.

Teeverbrauch	1701	30 232 kg
in England	1801	10 749 690 kg
	1901	1 117 257 691 kg

Seit der ersten Werbung von Thomas Garway ist der Engländer von der gesunden Wirkung des Tees überzeugt. Dieses früher exotische Genußmittel, das zu jeder Tageszeit konsumiert wird, wurde im Laufe der Zeit auch immer preiswerter.

Und in England wird der Tee ausnahmslos sorgfältiger und besser zubereitet als auf dem Kontinent.

Vor gut zweihundert Jahren wurde auf der Insel schon mehr Tee pro Kopf getrunken als heute bei uns.

Tee-Pro-Kopf-Verbrauch in England

1801	672 g	1901	2576 g	1961	4489 g
1861	1172 g	1921	3640 g	1981	3080 g
1881	1960 g	1941	3724 g	1991	2740 g

Zu dieser Aufstellung sind drei Dinge zu bemerken. Erstens das rapide Ansteigen des Teeverbrauchs gegen Ende des letzten Jahrhunderts durch den steigenden Wohlstand und die Teeverbilligung infolge der Großplantagen in Ceylon und Indien. Zweitens die außerordentlich gute Versorgung der Bevölkerung während des Krieges trotz der deutschen U-Boot-Blockade. Drittens der Rückgang des Pro-Kopf-Verbrauchs durch die neue Espressomode der Jugend und die modernen Kurzblatt- und CTC-Sorten, die um gut zwanzig Prozent ergiebiger sind.

Welchen Tee trinken die Engländer?

Die einfachste Antwort wäre: eine »Englische Mischung«. Aber das ist nur eine vage Werbebezeichnung des Teehandels, genauso wie die Benennung »Ostfriesentee«. Das Teeblatt im konservativen England hat im Laufe der Zeiten große Wandlungen durchgemacht. Aus alten Akten erfahren wir, daß noch vor hundert Jahren Grüntee, Oolong und leichte Chinatees mit Rauchgeschmack durchaus beliebt waren. Auch die damals in den Handel gelangten Sorten aus Indien waren grobe Tees mit sehr unterschiedlichem Charakter, aber nur einem Teil der heutigen Ergiebigkeit.

Das Getränk Tee und sein Einfluß auf das tägliche Leben

Zumindest in den letzten anderthalb Jahrhunderten hatte »Tea« in England wenigstens zwei Bedeutungen: es war ein Getränk und eine Mahlzeit. Nach seiner Einführung um 1660 trank man eine Tasse Tee, wann immer man Lust dazu hatte. Queen Anne beispielsweise bewahrte das Teegeschirr in einem Kabinett neben ihrem Schlafzimmer auf und erfreute sich öfter nachts an einer Tasse Tee. Und von Dr. Samuel Johnson wissen wir, daß er mit »dem Aufguß dieser faszinierenden Pflanze sich den Abend vertrieb, sich um Mitternacht tröstete und den Morgen begrüßte«. Der Teegenuß war Teil des gesellschaftlichen Lebens. Das Dinner, die Hauptmahlzeit des Tages, wurde im 17. Jahrhundert mittags, später um zwei, drei oder vier Uhr nachmittags eingenommen. Um 1800 hatte sich die Zeit fürs Dinner bereits auf halb acht abends verschoben, so daß die Spanne zwischen dem leichten Lunch mittags und dem Dinner größer geworden war. Einem Gerücht zufolge soll Anna, Herzogin von Bedford, die erste gewesen sein, die ihre Freunde nachmittags um vier Uhr zu einer geselligen Tasse Tee in ihr Boudoir einlud und dazu nichts weiter als Butter und Brot reichen ließ.

Teekannen-Formen im 18. und 19. Jahrhundert

	Runde Formen	Zylindrische Formen	Andere Formen
1700	Elers		
1720	Meissen		
1730	Astbury		
1740		Rotes Steinzeug	Glasierter Ton
1750	Jackfield		
1760	Worcester	Worcester	
1770		Worcester	Ton
1780		Leeds	Worcester
1790	Sèvres	Paris	
1800			Newhall
1810			Worcester
1820			Newhall
1830			Spode
1840	Rocking-ham		Stafford-shire

Mitte des letzten Jahrhunderts konnte sich niemand mehr den Tag ohne »afternoon tea« vorstellen. Er wurde immer mehr zu einem Ritual. Das Silbertablett in Hochglanz, die Teekanne aus Silber oder feinstem Porzellan, der Wasserkessel und eine kleine Teekanne daneben, Milchkanne, Zuckerdose und einige Teetassen gehörten zur Aussteuer jeder jungen Dame von Stand. Das Essen dazu wurde abwechslungsreicher, blieb aber »ladylike« – dünnes Weißbrot mit Butter, dazu Marmelade oder Honig, schmale Sandwiches mit Gurke oder Ei gefüllt, kleine Brötchen aus Rührteig (Scones), getoastet mit Butter und Toaststreifen mit feinen Pasteten bestrichen.

Zu Zeiten Victorias brachte ein Hausmädchen das Geschirr. Aufgabe der Hausfrau war es, das Kochen des Wassers zu überwachen, mit dem »Caddyspoon« die Teeblätter aus dem Teacaddy zu nehmen – »one for each person and one for the pot« – und die Ziehdauer zu bestimmen.

Bislang haben wir uns in den höheren Gesellschaftsschichten bewegt. Neue Gewohnheiten, und so auch die Teesitten verbreiteten sich aber rasch in jedem Milieu, wenn man nachmittags die Gelegenheit hatte, sich zu treffen, besonders auf dem Lande. »Afternoontea« ist heute bei der steigenden Zahl von Pensionären allgemein geschätzt. »Tea« hatte für die arbeitende Bevölkerung freilich lange Zeit eine andere Bedeutung: Hier war eine Mahlzeit gemeint. Den Nachmittagstee nehmen die Familienmitglieder getrennt ein – sei es am Schreibtisch oder in der Kantine. Zu Hause gibt es dann Tee oder »high tea« im Kreis der Familie mit allen Kindern.

Wir kommen zum »afternoontea« im alten Sinn zurück. Diese Tradition wird in den besseren englischen Hotels wieder gepflegt – mit ausgesuchtem Geschirr und besonders leckeren Kleinigkeiten wie frischen Scones mit Butter, Devon double clotted cream und Erdbeermarmelade. Gestern gerade schrieb mir ein englischer Freund, der auf dem Lande lebt: »Für mich ist es immer noch ein besonderes Gefühl der Extravaganz, bei meinen seltenen Besuchen in London ›Tea at the Riz, Savoy or Dorchester‹ zu genießen.«

Der Siegeszug des »English Tea«

Die industrielle Revolution fand in England statt. Das 19. Jahrhundert kannte nur eine Weltmacht: Großbritannien. Der Name »British Empire« stammt aus dieser Zeit. London war die Weltstadt: Kunst, Handel, Geld, gesellschaftliches Leben – alles war hier konzentriert wie vielleicht nur im alten Rom der Kaiserzeit. Und dieses wirbelnde Leben war geschmacksbestimmend auf der ganzen Welt. Letztlich kamen Engländer in jeden noch so entfernten Winkel der Welt, bauten Eisenbahnen in China, Brücken in Afrika oder Wasserleitungen in Mexiko und brachten ihren Lebensstil und ihre Gewohnheit, Tee zu trinken, mit. Ich muß sagen, Tee gefällt mir besser als die Coca-Cola-Kultur der heutigen Weltmacht Amerika.

Vor hundert Jahren. Englische Teewerbung aus »London Illustrated News«.

Die Ostfriesen und ihr Tee

Wir Deutschen sind zwar sehr mäßige Teetrinker – nicht nur die »Kaffeesachsen« sind wegen ihrer Vorliebe für Kaffee bekannt. Trotzdem haben wir »Vorzeigeteefans« im Nordwesten, nämlich die Volksgruppe der Ostfriesen, mit einer besonderen Leidenschaft für Tee.

Deutschland ist nie ein Teetrinkerland geworden. Im früheren Fürstentum Ostfriesland ist der Tee jedoch das Nationalgetränk geblieben, auch wenn das Land an der Nordsee vor fast 250 Jahren preußisch wurde. Die Sitte, Tee zu trinken, ist – wie so vieles – in dieser Landschaft an der Küste anders. Die enge Nachbarschaft zu den Holländern oder besser zu den Westfriesen ist spürbar: Sie haben helle Augen, viel Humor, sind bedächtig, stur, konservativ, dabei aber weitsichtig und weltoffen. Die Grenzen waren immer offen für Beziehungen wirtschaftlicher, kultureller, religiöser, familiärer Art – Groningen bleibt immer näher als Hannover, Amsterdam näher als Berlin.

Am Aufstieg der holländischen Seemacht in Fernost leisteten viele Ostfriesen als Seeleute, Soldaten oder Angestellte der VOC (Holländische Ostindienkompanie) ihren Beitrag. Sie brachten den Tee und andere fremde Dinge mit in ihre Heimat zurück. Auch die holländischen Kaufleute kamen mit vielen Neuheiten, mit Tee, Seide, Gewürzen oder Porzellan zu dem nach dem Dreißigjährigen Krieg langsam wieder wohlhabend werdenden Bürgertum und zu den Großbauern auf der rechten Seite der Ems. Den Lebensstil der damaligen Zeit kann man sich beim Besuch der kleinen Museen oder Häuser alter Familien mit Sammlungen von Teezubehör, Teegeschirr und Teetischen vergegenwärtigen. Sie erzählen von der Bedeutung dieses neuen Volksgetränks im 18. Jahrhundert.

In der ostfriesischen Teegeschichte ist 1753 ein wichtiges Jahr. Der »König von Preußen«, der erste Segler der Preußisch-Asiatischen Handelskompanie löschte seine wertvolle Fracht aus Kanton, darunter mehr als 500 000 Pfund Tee im Hafen von Emden.

Wie trinkt der Ostfriese
seinen Tee?

Nicht der Tee selbst, sondern die Art der Zubereitung, das Geschirr und Zubehör sowie der Vorgang des Servierens machen den Teegenuß in diesem Landstrich zu etwas Besonderem. Tee wird zu jeder Tageszeit getrunken. Die »Teetieden« (Teezeiten) sind frühmorgens, vormittags gegen 11 Uhr, das »Elführtje«, nachmittags gegen 3 Uhr und zum Tagesausklang nach 8 Uhr. In den ländlichen Gebieten steht besonders im Winter bei großen Familien – selbstverständlich trinken schon kleine Kinder Tee – den ganzen Tag eine Kanne mit Tee auf dem Stövchen.

Wie gießt der Ostfriese
seinen Tee auf?

1. Immer in derselben Kanne (dem »Teepott« oder »Treckpott«), der außen und innen vom vielen Gebrauch die nötige Patina zeigt. Vor dem Ansetzen wird die Kanne kräftig heiß ausgespült.

2. Von der gewohnten Teesorte wird pro Person ein gehäufter Teelöffel oder ein Teemaß voll und ein weiterer Teelöffel für die Kanne genommen. Das sollte mindestens für drei kleine Ostfriesentassen reichen.

3. Aus dem Teekessel wird frisches, kurz sprudelnd aufgekochtes Wasser auf die Teeblätter gegossen.

4. Echte Ostfriesen gießen das kochende Wasser zunächst etwa drei Finger hoch auf die Blätter und stellen die Kanne auf ein Stövchen. Nach gut drei Minuten wird die Menge Wasser nachgegossen, die man für den fertigen Tee benötigt.

5. Wer den Tee über längere Zeit verteilt trinken will, sollte ihn in eine zweite, vorgewärmte Kanne umgießen, damit er nicht zu bitter wird. Üblich im ostfriesischen Familienkreis ist es aber, erst einmal einzuschenken und die Teekanne anschließend wieder mit kochendem Wasser zu füllen. (Deshalb war es im Teehandel früher erforderlich, Teemischungen für Ostfriesland mindestens zweimal aufzubrühen, um die Extraktmenge bei mehreren Aufgüssen zu kontrollieren).

Wie serviert man den Tee in Ostfriesland?

Zur **ostfriesischen Teestunde** gehören Kandis und Sahne. Das ist nicht nur ein geschmackliches, sondern auch ein optisches wie akustisches Vergnügen: Ein mit Umsicht gekochter Tee wird so in die »Köpche« genannten Tassen gefüllt, daß diese noch die übrigen Zutaten aufnehmen können. Es folgen die »Klunker« genannten Kandisstücke, wozu eine Zange, der »Kluntjeknieper« bereit liegt, und ein Löffel Sahne, die man vorsichtig in den Tee gleiten läßt. Nun tritt eine Wartezeit ein, in der man das Knacken der zerfallenden Kandisstücke – »de Kluntje kniddern« – hört. Sobald das zu Ende gegangen ist, kann der Tee getrunken werden. Da er nicht umgerührt wurde, hat sich die Sahne am Boden der Tasse abgesetzt und ein paar Wölkchen nach oben geschickt. Die Tasse wird vorsichtig angesetzt und der Tee »dreistöckig« getrunken. Kauend nimmt man die drei Geschmacksrichtungen wahr:

das herbe Aroma des Tees, die feinmilde Sahne und den süßen Zucker.

Die kultivierte Zubereitung und die gute Mischung machen »n' lekker Koppke Tee«.

Und welchen Tee kaufen die Ostfriesen, um ihm soviel Sorgfalt zu widmen? Es muß schon etwas Gutes sein. Die Bremer und Hamburger Importeure, die den Teehandel in Ostfriesland beliefern, kaufen für deren Mischung (jedenfalls für die, die in Ostfriesland verkauft werden) gute und besonders kräftige Assamtees aus der »Second-Flush-Periode«. Jeder Ostfriesentee sollte davon etwa drei Viertel enthalten. Den Rest bilden kräftige Tees aus Indonesien, manchmal auch Ceylon, die die Assams verbilligen und etwas runder machen. So sollte es sein. Aber leider wird in der Bundesrepublik in so vielen »Ostfriesischen Mischungen« der »Second Flush«-Assam vergessen und manchmal sogar der Assam. Schade!

Teesorten in China, dem Ursprungsland des Tees

Das Reich der Mitte hat über viele Jahrhunderte die Teekultur geprägt und im weitesten Sinne entwickelt – und zwar alles, was mit Tee zu tun hat. Zum Teegenuß gehört sowohl die »Erfindung« der Teekanne aus Porzellan als auch die der unzähligen Geschmacksarten des Tees selbst.

Schon seit vielen Jahrzehnten spielt der Tee chinesischer Herkunft bei uns eine untergeordnete Rolle. Doch wenn das Wort »Tee« fällt, wird sofort eine gedankliche Verbindung zum Reich der Mitte hergestellt, eine Rückkopplung, die noch aus dem letzten Jahrhundert stammt, in dem der Tee überwiegend aus dem Fernen Osten kam. Ebenso das Teegeschirr, das manchmal im chinesischen Stil nachgearbeitet wurde. Eine Aufstellung über die Tee-Einfuhr Englands aus dem Jahre 1870 verdeutlicht, daß der **chinesische Teeimport** früher eine große Rolle spielte:

Teeimporte in Pound (= 453 g)

Gesamt	140 500 000
davon Indien	14 101 000
Japan	397 000

Teeimporte aus China teilten sich so auf:

Congou	99 378 000	Orange Pekoe	4 315 000
Caper	4 265 000	Hyson	1 409 000
Bohea	11 000	Gunpowder	6 255 000
Oolong/Souchong	5 214 000	Young Hyson	4 168 000

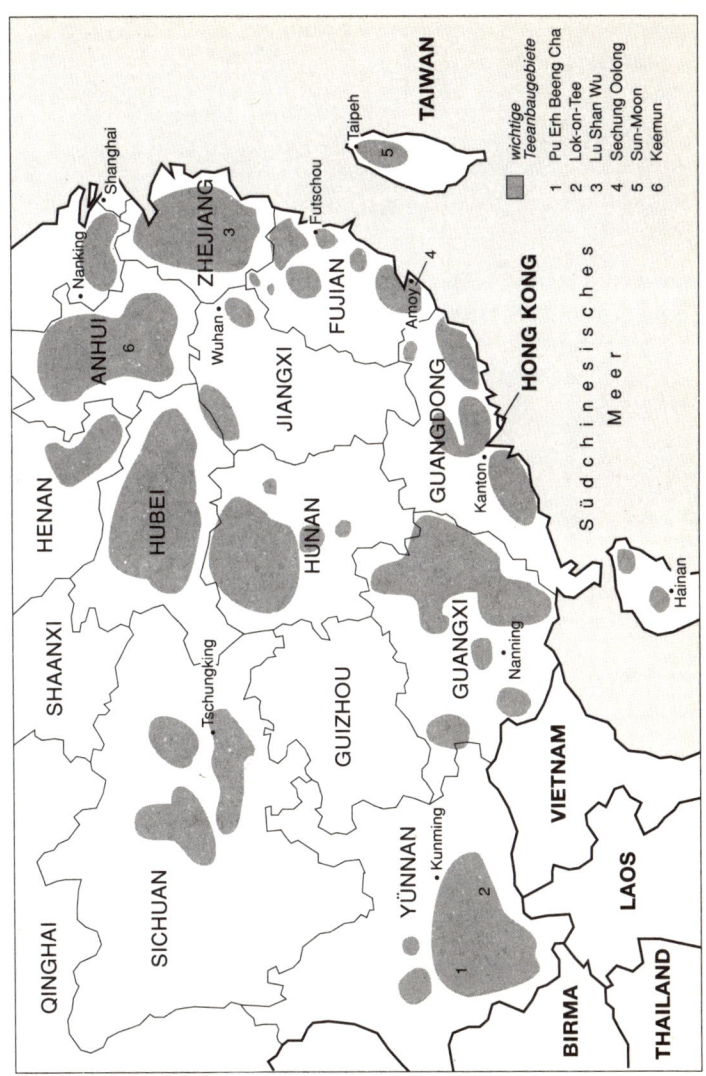

Teeanbaugebiete in China.

Einige der alten, Ihnen vielleicht bekannten Sortenbezeichnungen tauchen schon hier auf.

Wo wird heute in China Tee angebaut?

In allen südlichen Provinzen bis zum 35. nördlichen Breitengrad. Also von der Insel Hainan im Chinesischen Meer, bis in die Provinzen Shensi (Shaanxi) und Honan im Norden. Von Yünnan und Sichuan (Szechuan) an der Grenze zu Tibet im Westen bis zum Chinkiang im äußersten Osten.

Am Anfang war der Tee grün

Eins ist gewiß, Tee wurde viele Jahrhunderte lang nur »grün« getrunken, daß heißt, nicht fermentiert. In Ostasien, der Heimat des Tees, rangiert auch heute noch der Grüntee weit vor dem Schwarztee. Die Herstellung von Grüntee ist weniger kompliziert als die von Schwarztee, doch muß man mit Sorgfalt die natürlichen Eigenschaften erhalten. Nach dem Pflücken müssen die frischen Blätter schnellstens in die Fabrik. Der Vorgang des Welkens entfällt. Das Teeblatt muß umgehend erhitzt werden, um die Enzyme abzutöten und den Beginn einer Fermentation zu vermeiden. Das geschieht durch kurzes Abbrühen in kochendem Wasser oder mit Dampf. Danach werden die Teeblätter mehrfach gerollt und anschließend getrocknet.
Die meisten Tees werden heute maschinell bearbeitet. Daneben werden aber Spitzentees mit wenigen hundert Kilo Jahresernte wie früher vollständig von Hand behandelt. Zuerst werden einige Handvoll frischer Blätter im Kuo, einer Eisenpfanne, unter dauerndem Anrösten gewendet, bis das Blatt eine gelbliche Farbe zeigt. Dann wird das Blatt in kleinen Mengen von Hand gerollt; zuerst wird auf

*Das Bild zeigt das Umladen von Teekörben und Teekisten. Der »Tseen-tang«
mündet in den Perlfuß von Kanton. Allom, ca. 1830, China.*

einem Bambustablett eine Kugel geformt, danach werden immer
nur einzelne Blätter zwischen den Ballen der beiden Handflächen
gedreht – wahrlich mühsam. Nach dem Abkühlen wird der Tee
noch weitere zweimal geröstet. Dann ist er fertig und haltbar.
China ist nach wie vor der größte Produzent und Exporteur von
grünem Tee, einer immensen Zahl von unterschiedlichen Sorten,
deren Beurteilung uns europäischen Teehändlern aufgrund des geringen Bedarfs nicht leicht fällt. Im Land selbst werden diese Sorten teils zu beachtlich hohen Preisen lose und in Packungen angeboten. Für die Ausfuhr liefern die Exportgesellschaften jeder Provinz gleichmäßige Standardqualitäten. **Gunpowder, Chun Mee,
Hyson** und andere Sorten gehen in alle Welt; Spitzentees wie
Pi Lo Chun, Lu Shan Wu und **Yua Ha** sind kaum erhältliche
Raritäten.
In China hat sich im Unterschied zu allen neuen Produktionsgebieten im Anbau und in der Herstellung des Tees zwischen 1842,

dem Jahr, in dem der Vertrag von Nanking geschlossen wurde und damit die Einflußnahme europäischer Mächte im Lande selbst begann, und dem Ende der Kulturrevolution vor knapp zwanzig Jahren, wenig geändert. Die chinesischen Bauern versuchten über alle Wirren hinweg an ihren alten Gewohnheiten festzuhalten. Bei der großen Menschenzahl wurde der knappe Boden gartenmäßig bebaut, Tee nicht wie in anderen Ländern Ostasiens plantagenmäßig, sondern von Kleinbauern neben anderen Erzeugnissen für den Eigenbedarf wie Reis, Gemüse oder Korn kultiviert. Das gepflückte grüne Blatt wurde von Zwischenhändlern aufgekauft, die es an sogenannte »Hongs« oder Teefabriken weitergaben. Nur wenige Maschinen waren im Einsatz, das Handrollen und das Feuern in Bambuskörben oder Eisenpfannen ist teils heute noch üblich.

In China wird Tee wie folgt klassifiziert:

- Hung Ch'a oder roter Tee (schwarzer Tee für den Export)
- Lin Ch'a oder Grüntee
- King Ch'a oder Gelbtee
- Red Brick Tea für Innerasien

Diese Grundtypen wurden je nach Qualität und Verarbeitung weiter unterteilt, außerdem nach Herkunft, so daß in China etwa achttausend unterschiedliche Tees gehandelt wurden. Durch die steigende Produktion der britischen Kolonien um die Jahrhundertwende wurden für einige Zeit russische und deutsche Teehandelsfirmen auf dem Markt in China bestimmend. Die **Teeausfuhr Chinas,** die viele Jahrzehnte über 100 000 Tonnen pro Jahr betrug, ging in den zwanziger Jahren auf ein Viertel zurück. Durch die unwirtschaftliche Arbeitsweise und die Unruhen im Land, die die Teezufuhr zu den Ausfuhrhäfen Kanton, Foochow, Shanghai und Hankow (Hankau: Han-Mündung/Wuhan) unsicher machten, konnten die effektiver arbeitenden indischen und ceylonesischen Plantagen den Chinatee immer mehr vom Weltmarkt verdrängen.

Und heute? Die **Anbaufläche für Tee** wurde in den letzten fünfzehn Jahren beträchtlich ausgedehnt und wird mit einer Million Hektar offiziell angegeben, womit China die Hälfte der Weltanbaufläche hätte. Die alten Felder in den traditionellen Gebieten werden heute von örtlichen Kommunen bewirtschaftet, die auch die Verarbeitung in moderner eingerichteten Fabriken übernommen haben.

Daneben begann man nach der Kulturrevolution mit der Anlage von Großplantagen in neuen Regionen unter Zuhilfenahme internationaler Erfahrungen. In China werden drei Hauptsorten Tee hergestellt: **grüner Tee, schwarzer Tee** und **Oolong** mit Hunderten von Untersorten unterschiedlicher Qualität und Herkunft. Die althergebrachte Vielfalt bleibt weiter erhalten, sowohl für den steigenden Verbrauch im Land selbst als auch für den Export in alle Welt. Vor der je nach Sorte variierenden Fabrikation muß der Tee gepflückt werden, und das geschieht nirgendwo sonst mit größerer Sorgfalt. Im allgemeinen wird die Regel »two leaves and a bud« befolgt – nur der Spitzentrieb mit den beiden ersten Blättern wird verwendet, sonst nichts, denn in den frischen Trieben steckt die Qualität. Schauen Sie sich einmal die für ein Naturprodukt unglaubliche Gleichmäßigkeit und Feinheit des Blattes eines Keemuns an. Aber damit nicht genug, für eine Reihe von Grünteespezialitäten wird nur 1 Spitzentrieb gepflückt. Man benötigt etwa 25 für jede Tasse Tee.

Oolong, der schwarze Drache

Der Name dieser Teeart stammt vom chinesischen Wort »Oulong«, das übersetzt »schwarzer Drache« bedeutet. Mit diesem Namen wird seit Jahrhunderten eine besondere Teeart bezeichnet, die durch ihre spezielle Herstellung zwischen grünem, unfermentiertem und dem bei uns heute üblichen schwarzen, vollfermentierten Tee liegt. Die Herstellung ist nur in Taiwan und in der Volksrepublik China üblich; sie erfordert viel Handarbeit.

Oolong-Tee wird auch heute noch nach festgelegten Daten des alten chinesischen Landwirtschaftskalenders geerntet. Die erste Pflückung beginnt normalerweise am 20. April und erreicht ihren

Höhepunkt am 6. Mai. Der neue Trieb muß eine bestimmte Größe erreicht haben und darf keinesfalls zu früh gepflückt werden, da das gewünschte Aroma und der besondere Geschmack, die den Oolong auszeichnen, erst in einem bestimmten Stadium erzielt werden. Die frisch gepflückten Blätter werden sofort weiterverarbeitet und im Gegensatz zu anderen Teearten in der Sonne gewelkt.

Schon Lu Fingcan schrieb vor dreihundert Jahren: »Die meisten Tees, die in der Sonne gewelkt werden, verlieren ihren Geschmack – aber Oolong liebt die Sonne!«

Beim Welken wird dem Teeblatt überschüssige Flüssigkeit entzogen, es wird weich und geschmeidig. Die halb welken Blätter werden in Bambuskörbe gelegt und kräftig geschüttelt. Diese Reibung verändert die Blattkanten, die rot werden, während die Mitte des Blattes grün bleibt. Danach werden die Teeblätter an einem luftigen, aber schattigen Platz zum Trocknen ausgebreitet. Dieser Vorgang wird mehrmals in kurzen Abständen wiederholt, bis die Blattadern durchsichtig werden. Beginnt das Blattgut nach Orchideen zu duften, muß die beginnende Fermentation sofort gestoppt werden. Das geschieht durch Rösten in einer Eisenpfanne, in der mit viel Geschicklichkeit die Blätter laufend gewendet werden müssen. Das Rösten verlangt eine höhere Temperatur als bei anderen Tees, daher ist Oolong besonders gut haltbar.

Am Ende kam der schwarze Tee

Wenn nicht die Chinesen und einige Moslemvölker in Vorderasien den Genuß von grünem Tee weiter fortgesetzt hätten, würde wohl heute nur noch schwarzer Tee getrunken werden. So kommt heute auf sieben Tassen schwarzen Tees eine Tasse grüner. Über den Grund dieser Geschmacksänderung in den letzten hundert Jahren können wir nur Vermutungen anstellen. Die Engländer hatten sich angewöhnt, ihre Tasse Tee mit Milch zu trinken, wofür kräftiger Tee mit viel Tannin besser geeignet ist als heller Grüntee. Im Gegensatz zu den gerbstoffreichen und dunkel abgießenden »Assamica«, insbesondere den CTC's, sind die altbewährten Schwarztees aus China aber durchaus zum Genuß »pur« geeignet; vom weltweiten Umsatz her sind die »Puristen« unter den Teetrinkern allerdings in der Minderzahl.

Die Tees der einzelnen chinesischen Provinzen zeigen große Unterschiede. Die Hochlandtees aus Yünnan haben einen ganz eigenen Charakter mit Tips und voller Tasse. Aus dem zentral-chinesischen Hunan werden Riesenmengen von Fülltees – die alten Congous – angeboten, ebenso aus Chinkiang. Aus Sichuan kommen neben dem Ziegeltee für Zentralasien einige sehr feine Sorten in der Art der Keemuns, die in Anhui in alter Sorgfalt geerntet werden.

Dort und auf Hainan wurden riesige Staatsplantagen aufgebaut, die wesentlich zur Ausweitung der Teeproduktion Chinas beigetragen haben. Nach der Ausdehnung der Anbaufläche in China dürfte die nächsten Jahre mit einem beachtlichen Anstieg des Hektarertrages zu rechnen sein. So kann man davon ausgehen, daß sowohl der steigende Inlandskonsum als auch die Auslandsnachfrage für Konsumtees und Qualitäten befriedigt werden kann.

Aromatisierte Tees aus China

Jeder Tee hat ein eigenes, natürliches Aroma. Je teurer ein Tee ist, desto mehr natürliche ätherische Öle in einer ausgeglichenen, von der Natur hervorgebrachten Komposition sollte ein Tee haben. Unter aromatisierten Tees verstehen wir Sorten, denen nachträglich natürliche (neuerdings auch künstliche), aber dem Tee fremde Aromastoffe hinzugefügt wurden. Schon die alten Chinesen suchten alternative Geschmacks- und Geruchsnuancen beim Tee – kurz gesagt Abwechslung und Verfeinerung. Aromatisierter Tee nimmt in China eine Sonderstellung ein. Heller, blasser Tee, mit frischem Wasser aufgebrüht, galt bei den »Wen-jen-Herren« als der Gipfel feinen Geschmacks. Schon Ts'ai-Lu, ein bekannter Dichter der Sung-Zeit, erwähnt duftende Zutaten wie Jasmin und Kassia-blüten in seinem Werk »Ch'a-Lu« (= Teekessel).

Der in China übliche Tee ist und bleibt Jasmintee, also ein Grün-tee, wenn auch gelegentlich Rosen-, Litschi- oder Magnolientees anzutreffen sind. Zur Herstellung dieser Tees werden Blüten ver-wendet, die von ihren Stengeln befreit wurden. Der fertig »gerö-stete«, aber noch warme Tee – gleich ob Grün- oder Schwarz-tee – wird etwa fünf Zentimeter hoch in ein Kiste geschüttet. Dar-auf streut man eine Handvoll Blüten. Tee und Blüten wechseln sich ab, bis die Kiste gefüllt ist. Das Verhältnis von Blüten zu Tee sollte 3 : 100 sein. Die Kiste wird verschlossen, nach 24 Stunden zwei Stunden lang erhitzt, bis die Blütenblätter trocken sind.

Neben diesen althergebrachten Arten von Tee finden auch andere Sorten, bei denen chinesische Tees naturidentische, also künstlich hergestellte Aromastoffe zur Erzielung neuer Geschmacksrichtun-gen beigegeben werden, Zustimmung beim Teetrinker.

Chinesisches Porzellan

Das Porzellan ist für uns im Laufe der Jahrhunderte zu einem Ge-brauchsgegenstand geworden, und doch müssen wir uns vor Augen halten, daß sowohl in China als auch später in Europa die Entwicklung der Keramikindustrie mit dem – wenn auch viel be-scheideneren – Siegeszug des Tees in Verbindung steht.

Marco Polo, der ja lange Zeit im Reich der Mitte gelebt hat, aber kaum mit Chinesen, sondern mit den landfremden Herrschern ver-kehrte, berichtet in seinen Memoiren nicht über den Tee, sondern preist das Porzellan: »Cathay, das Land, in dem die schönsten Por-zellanschalen der Welt gemacht werden...« Den Tee erwähnte er mit keinem Wort.

Die Chinesen hatten traditionell eine besondere Beziehung nicht nur zum Tee, sondern auch zum **Teegeschirr.** Lassen Sie mich an dieser Stelle aus dem »Cha Ching«, dem ältesten Teebuch, zitie-ren, das Lu Yu vor fast 1200 Jahren schrieb: »Das Geschirr aus

Yüzhou und Yuezhou ist olivgrün und harmoniert mit der Farbe des Tees besonders gut; er sieht klar und besonders strahlend darin aus.« Es handelt sich zweifelsohne um Seladon, das damals in der Tang-Zeit gerade erfunden worden war. Tee, grüner Tee, war in China soeben Volksgetränk geworden, und der Schriftsteller Lu Yu beschreibt daher in einem ganzen Kapitel eines Buches, wie wichtig das richtige Teegeschirr für vollen Teegenuß ist. Durch die Zunahme des Teeverbrauchs – es entstand damals in allen Städten eine Unzahl von Teehäusern – entwickelten sich die Manufakturen für die Herstellung der großen Mengen Teeschalen und Kännchen. In der folgenden Sung-Dynastie wurde es Mode, Teegeschirr als Sets zu produzieren. Die Ming-Dynastie bevorzugte zunächst die rein weiße Schale, daneben setzte sich mehrfarbig bemaltes Porzellan aus Chintechen langsam durch.

Nach Europa kamen chinesische Keramiken (unter diesem Sammelnamen versteht man auch Porzellan) im 16. Jahrhundert in kleineren Mengen. In den darauffolgenden 150 Jahren war das Porzellan aus China dann die wichtigste Fracht der aus Ostasien heimkehrenden Segler. Die Importe von Porzellan dieses langen Zeitraums werden heute fast ausschließlich unter historischem oder kunsthistorischem Gesichtspunkt betrachtet, in der Zeit selber stellten sie sicher einen Wirtschaftsfaktor dar. Die neuentdeckten Länder und die neuen Handelsverbindungen brachten breiten Bevölkerungsschichten in einigen Ländern ungekannten Reichtum, in anderen weckten die neuen Dinge – Porzellan, Seide, Kaffee, Tee, Schildpatt, Gewürze jeder Art – Begehrlichkeit und Fernweh.

In Ihsing, jener seit Jahrhunderten für Ton bekannten Stadt zwischen Shanghai und Nanking, wird Teegeschirr schon seit mehr als tausend Jahren gebrannt. Der Ton dieser Gegend hat besondere Qualität und ist von feiner Substanz, die Farben wechseln von Ocker über Braunrot bis ins Violette. Alles wird sehr hart gebrannt und ist mit europäischem Tongeschirr nicht vergleichbar.

Die Erfahrung im Umgang mit Ton wird vom Vater auf den Sohn vererbt. Teils findet man Formen, die schon vor mehr als hundert

Jahren in gleicher Ausführung wie heute von Hand gefertigt wurden. Besonders die dem Bambus nachempfundenen Teekannen und Tassen zeigen die einmalige Kunstfertigkeit des chinesischen Volkes. Zu dem langen Weg, der von Shanghai bis Bremen etwa ein halbes Jahr dauert, kommt die zeitraubende Herstellung, Stück für Stück Handarbeit. An einem Gefäß formt eine Fachkraft fast eine Stunde, dazu kommt noch das Trocknen und Brennen. Die Arbeiter – Kunsthandwerker – dieser Fabrik stellen noch nicht einmal 10 000 Teile pro Tag her. Die Tonerde hat, wie man ja auch an dem fertigen Produkt und vor allem an den Schalen selbst feststellen kann, eine besondere Qualität und Dichte. Sie wird in Tiefen bis zu 600 Metern gefunden und hat die Eigenschaft, schon an der Luft zu trocknen und fest zu werden.

Rezepte für Tee und das Dazu

Vor 150 Jahren brauchten wir dafür nicht ins viktorianische England zu gehen, sondern nur in die Metropole Bayerns zur gleichen Zeit zu schauen.

Von den Theegesellschaften

»Das Theetrinken war wohl nie so im Schwange wie gerade jetzt, wo keine Gesellschaft oder Zusammenkunft gegeben wird, wobei man nicht mit diesem Getränke bewirthet wird, gleichsam als sei diesem die Aufgabe gegeben den Geist zu beleben, die Zungen zu lösen und die Unterhaltung in Fluß zu bringen; daher auch die Einladung zu Thee, Soirées, Conversation, Concert und Thee-Dansant, wo derselbe stets die Hauptrolle spielt. Hierzu werden die Vorrichtungen mit aller Eleganz getroffen. Die Theekanne von Silber, in gehöriger Größe, aber auch von feinstem Porzellan, nach dem herrschenden Geschmacke, ebenso die Rahmkanne.
Thee- und Zuckerbüchsen vom schönsten Krystalle in neuester Facon geschliffen, eine ganze Sammlung bemalter Theeschalen, deren jede in ihrer Art ein Meisterstück ist, oder solcher, welche zum ganzen Thee-Service passen, endlich ein Körbchen von Filigran, in welchem sich die glänzenden Löffelchen be-

finden. Ferner das verschiedenste Backwerk sehr zierlich auf schönem Porzellan, Glas oder Silber aufgerichtet, dann ebensoviele Teller aus der Conditorei, einige Schalen der feinsten Compots, und endlich die gehörige Zahl des besten Obstes nach der Jahreszeit.

Auch bei vielen Versammlungen ist die Wahl der Gesellschaft, die Stunde des Tages, die Toilette der Damen, und ebenso die Unterhaltung, die man zu erwarten hat, eine bestimmte. Eine Dame vom Hause versorgt die Theekanne, und bewirthet einen jeden der Gesellschaft mit einer Grazie, die dem lieblichen Getränke eine noch lieblichere Würze ertheilt. Dabei herrscht ein ungebundener, feiner Conversations-Ton, wodurch es sich erklärt, daß Zusammenkünfte dieser Art so allgemein beliebt sind.«

1864 erschien in München Rottenhöfers »Der wohlservirte Kaffee- und Theetisch«, ein Zeichen dafür, daß auch im Süden Deutschlands damals schon Teetrinken und Teekultur verbreitet waren.

Wir haben eine Anzahl von Rezepten zusammengestellt, die aus verschiedensten Quellen stammen: von Rottenhöfer, aus Henriette Davidis' umfangreichem Werk, englischen Kochbüchern und vom Verfasser gesammelten. Jedes neue Teebuch enthält heute Dutzende von Rezepten. Ich persönlich halte das Buch »Teatime« mit Hunderten von Backrezepten zum Tee aus England für besonders empfehlenswert. Trotz all dieser gedruckten Rezeptempfehlungen möchte ich auf zwei Getränke ausdrücklich hinweisen, die ich in all ihren Variationsmöglichkeiten eigentlich im Alltag nie angeboten bekommen habe: Eistee und Teepunsch.

Gebackenes zum Tee

Selbst Teegenuß kann bisweilen durch Zugabe kleiner Speisen noch erhöht werden. Einige Gebäcksorten weisen schon vom Namen her darauf hin, daß sie sich besonders gut als Ergänzung eignen. Das passende Gebäck gehörte also nicht nur zur stilechten englischen »Teatime«, sondern durchaus auch in die gepflegte Teegesellschaft hierzulande. Bewiesen durch die hervorragenden Rezepte für Kuchen und Kekse aus alten deutschen Kochbüchern des 19. Jahrhunderts, die ausgezeichnet zum Tee passen.

Zwei Teller mit Nürnberger Theeschnitten

Ein halbes Pfund Zucker wird mit fünf ganzen Eiern recht schaumig gerührt: dazu gießt man ein halbes Loth* in Kirschwasser aufgelöste Pottasche und ein Pfund sechs Loth feines, gesiebtes Mehl, sechs Loth abgezogene, geschnittene Mandeln, drei Loth Anis und ebensoviel fein geschnittene, kandierte Orangenschalen; dies alles wird gut durcheinander gemacht und davon zweifingerbreite und fingerlange Streifen auf ein mit Mehl bestreutes Backblech gelegt. Diese werden mit Ei bestrichen und bei guter Ofenhitze gebacken.

---

* 1 Lot = ca. 16 g

73

Sächsischer Theekuchen

Man bereitet von einem Pfunde feinstem Mehl, zwölf Loth sehr frischer Butter, sechs Eidottern, sechs Loth Zucker, dem nöthigen, lauwarmen Rahm, vier Eßlöffeln voll guter Hefe, und ein wenig Salz, einen feinen, zarten Hefeteig. Dieser wird fingerdick ausgerollt, auf einen mit Butter bestrichenen weißen Bogen Papier gelegt, ganz rund dressirt und zum Gehen zugedeckt an einen warmen Ort gestellt. Ist der Kuchen nun gehörig gegangen, so wird er mit Ei bestrichen, mit einem spitzen Hölzchen auf der ganzen Oberfläche gestopft, und dann in schöner Farbe lichtbraun gebacken. Unterdessen wird ein Viertel Pfund Zucker zum Faden gekocht*, mit welchem man den Kuchen, wenn er aus dem Ofen kommt, mittelst eines reinen Pinsels gut überstreicht, welches demselben einen feinen Geschmack gibt.

Muffins

gibt es zur traditionellen englischen Teestunde. Muffins werden aufgeschnitten und heiß, mit Butter bestrichen, serviert.

*15 g Hefe · 1 TL Zucker · 1 Prise Salz · 500 g Mehl
warme Milch*

Die Hefe mit dem Zucker verrühren, das Mehl in eine Schüssel sieben und in die Mitte eine Vertiefung drücken. Da hinein die Hefe-Zucker-Mischung geben, etwas warme Milch darüberschütten und $\frac{1}{2}$ Stunde gehen lassen. Nun alle Zutaten zu einem Teig

---

* 125 g Zucker mit $\frac{1}{8}$ l Wasser so lange kochen, bis man 1 Tropfen dieser Lösung zwischen Daumen und Zeigefinger (vorher in kaltes Wasser tauchen!) wie einen Faden auseinanderziehen kann.

vermengen und so lange kneten, bis er glatt ist. Dieser Teig soll 3 Stunden an einem warmen Ort aufgehen. Dann daraus Kugeln in gewünschter Größe formen (sie müssen nach der Ausformung wiederum »gehen«, bis sie doppelten Umfang erreicht haben). Im Backofen bei mittlerer Hitze (190–200 °C) zweimal 10 Minuten (zwischendurch umdrehen) backen.

Muffins mit Grieß
(Foto Seite 119)

Für ca. 8 Stück:
1/4 l Milch · 200 g feiner Maisgrieß · 30 g Mehl
2 TL Backpulver · 1 TL Salz · 1 EL Zucker
1 Ei · 40 g weiche Butter
Fett und Semmelbrösel für die Förmchen

Milch aufkochen, über den Grieß gießen und 10 Minuten quellen lassen. Mehl mit Backpulver sieben und mit Salz, Zucker, Ei und Butter unter den Grieß rühren. Konische Förmchen einfetten und mit Semmelbröseln ausstreuen. Den Teig einfüllen. Im vorgeheizten Backofen bei 200 °C 20–30 Minuten backen. Die Muffins noch heiß mit Butter servieren.

Englische Teebrötchen aus Mürbeteig

200 g Mehl · 10 g Backpulver · 1 EL Butter
saure Milch · 1 Prise Salz

Aus den Zutaten einen Mürbeteig herstellen, wobei soviel saure Milch verwendet wird, daß ein fester Teig entsteht. Nach einer halben Stunde dick ausrollen, Dreiecke schneiden, auf einem leicht bemehlten Blech bei guter Mittelhitze etwa 12 Minuten backen. Warm, mit Butter bestrichen, servieren.

Englischer Teekuchen

250 g Butter · 5 Eier · 250 g Zucker · etwas Salz
abgeriebene Schale von 1 unbehandelten Zitrone
250 g Mehl · 50 g Speisestärke · Margarine

FÜR DEN GUSS:
150 g Puderzucker · 3 EL Zitronensaft

ZUM GARNIEREN:
50 g Zitronat

Die zimmerwarme Butter schaumig schlagen, Eier und Zucker nach und nach dazurühren.
Eine 26 cm lange Kastenform mit Margarine einfetten. Den Teig einfüllen, 75 Minuten bei 180 °C backen (untere Schiene). Abgekühlten Kuchen stürzen. Puderzucker und Zitronensaft miteinander verrühren und als Guß über den Kuchen ziehen. Feingehacktes Zitronat darüberstreuen.

Englische Weihnachtskrapfen
(Bath Buns)
(Foto Seite 120)

FÜR DEN TEIG:
500 g Mehl · 30 g Hefe · knapp 2 dl Milch
2 Eier · 120 g Butter · 80 g Zucker · ½ TL Salz
½ TL Aniskörner · 1 Msp gemahlener Kümmel
abgeriebene Schale von ½ Zitrone
80 g Zitronat · 50 g Orangeat · 80 g Rosinen
1 Eigelb · 60 g Hagelzucker

Das Mehl in eine Schüssel sieben, in der Mitte eine Vertiefung anbringen, die Hefe hineinbröckeln und mit der lauwarmen Milch auflösen. Den Hefeansatz 15 Minuten an einem warmen Ort gehen lassen. In der Zwischenzeit die Butter schmelzen, Eier,

Zucker und Gewürze unterrühren. Diese Buttermischung sollte nur lauwarm sein, wenn sie unter den Hefeansatz gerührt wird. Davon einen glatten Teig schlagen und zum Schluß Zitronat, Orangeat und Rosinen darunterwirken. Den Teig nochmals 15–20 Minuten gehen lassen, in ca. 50-g-Stücke aufteilen und diese ungeformt auf das Backblech setzen. Die Teigstücke mit einem Tuch zudecken und nochmals gehen lassen, bis sie fast das doppelte Volumen angenommen haben. Die Buns nun mit einem verrührten Eigelb bestreichen, mit Hagelzucker bestreuen und bei 220°C ca. 15 Minuten knusprig braun backen.

Teemakronen

4 Eiweiß · 130 g Puderzucker · 80 g Mehl
$\frac{1}{2}$ unbehandelte Zitrone · Butter

Das Eiweiß mit Puderzucker schaumig schlagen, Mehl und die abgeriebene Zitronenschale beifügen. Nach einer halben Stunde mit dem Spritzbeutel auf ein gebuttertes Blech kleine Plätzchen setzen und bei mittlerer Hitze backen.

Teegebäck

200 g kalte Butter · 300 g Mehl · 100 g Zucker
150 g Mondamin · 1 Päckchen Backpulver
1 Päckchen Vanillezucker · 5 EL Wasser · 1 Eigelb
Mandelblättchen

Aus den Zutaten einen Mürbeteig herstellen, 30 Minuten kühlen, ausrollen und mit beliebigen Formen Plätzchen ausstechen. Mit Eigelb bepinseln und mit Mandelblättchen bestreuen. Bei mittlerer Hitze (ca. 190 °C) 10 bis 15 Minuten goldgelb backen.

Chinesische Mandelküchlein

200 g Mehl · 100 g Puderzucker
1 gestrichener TL Backpulver · 2 Msp Ingwer
50 g abgezogene, geriebene Mandeln · 1 Eigelb
5-6 EL Mehl · 1 EL Weinbrand · ganze Mandeln

Alle Zutaten (bis auf die ganzen Mandeln) in einer Schüssel zu einem festen Teig verkneten. Daraus kleine Kugeln formen, auf ein gefettetes Blech legen, flachdrücken und in jedes Plätzchen eine abgezogene Mandel stecken. Die Mandelküchlein bei mittlerer Hitze (ca. 190 C°) 15 bis 20 Minuten backen.

Süße Schlemmereien –
mit Tee zubereitet

Nur wenige wissen, welch leckere Nachspeisen sich mit Hilfe von Tee zubereiten lassen. Vielleicht probieren Sie die folgenden Rezepte einmal aus. Sie werden sich wundern, wie pikant und köstlich Tee-Eis oder Tee-Creme schmecken können.

Tee-Eis

5 g (ca. 3 TL) Assam-Second-flush-Tee · $\frac{1}{4}$ l Wasser
$\frac{1}{2}$ l Milch · 4 Eigelb · 150 g Zucker · Rum oder Cognac

Den Teeaufguß 5 Minuten ziehen lassen und kalt stellen. Das Eigelb mit Zucker schaumig rühren und mit der Milch und dem Tee vermischen. Alles bei wenig Wärmezufuhr ständig rühren und bis kurz vor den Siedepunkt erhitzen. Abkühlen lassen und in das Gefrierfach stellen. In Gläsern oder Bechern servieren und eine Schlagsahnehaube mit einem Schuß Rum oder Cognac aufsetzen.

Japanisches Grüntee-Eis

$\frac{1}{4}$ l Sahne · $\frac{1}{4}$ l Milch · 90 g Zucker · 1 Prise Salz
2 TL pulverisierter grüner japanischer Tee
(am besten Matcha)

Alle Zutaten miteinander verrühren, bis sich der Zucker aufgelöst hat. In der Eismaschine gefrieren lassen oder in einer Tupperschüssel in den Tiefkühler stellen und von Zeit zu Zeit mit dem Schneebesen durchrühren, damit es keine zu großen Eiskristalle gibt.

Ostfriesische Teecreme

2 TL schwarzer Tee · $\frac{1}{8}$ l Wasser · $\frac{1}{4}$ l Milch
3 EL Zucker · 1 Ei · 1 $\frac{1}{2}$ EL Stärkemehl · Rum
Zitrone

Tee aufbrühen, ziehen lassen und abseihen. Die Milch mit dem Zucker aufkochen. Das Eigelb mit dem Stärkemehl verquirlen, mit dem abgekühlten Tee in die kochende Milch rühren. Das Eiweiß steif schlagen und unterziehen, die Creme mit Rum und Zitrone abschmecken.

Englische Teecreme

$\frac{1}{4}$ l kochendes Wasser · 3 Eigelb · 90 g feiner Zucker
2 kleine Gläser echter Rum
5 Blätter weiße Gelatine · $\frac{1}{4}$ l geschlagene Sahne
Saft von $\frac{1}{2}$ Zitrone · Saft von 1 Orange
1 gehäufter TL Schwarztee (Ceylon BOP)

Das kochende Wasser auf die Teeblätter gießen und 5 Minuten ziehen lassen. Das Eigelb mit dem Zucker schlagen, bis es schön cremig ist, Zitronen- und Orangensaft mit dem Rum hinzufügen.
Die vorgeweichte, ausgedrückte Gelatine in etwas kochendem Wasser auflösen und in die Masse gießen. Unter leichtem Rühren den abgesiebten Tee und die Schlagsahne hinzufügen. In schlanke Gläser füllen und diese für mehrere Stunden in den Kühlschrank stellen. Sehr gut gekühlt servieren.

Tee-Gelee

Für 6 Portionen:
14 g (ca. 7 TL) Assam-Secon-flush-Tee · 1 l Wasser
15 Blatt weiße Gelatine · Schlagsahne
Rum · 1 Zitrone

Teeaufguß 5 Minuten ziehen lassen und mit ca. 2 EL Rum, Zitronensaft und Zucker verrühren. Die Gelatine einweichen, ausdrücken und in den Tee einrühren. Die Masse in Portionsschalen gießen, abkühlen und erstarren lassen. Vor dem Servieren mit Schlagsahne bedecken.

Die Goldenen Regeln der Teezubereitung

hier noch einmal in Kurzfassung:

1. **Die Teesorte** herausfinden, die sich am besten mit Ihrem Wasser verträgt und die Ihrem Geschmack am nächsten kommt. Mit einfachen Sorten beginnen und sich an die feineren Tees herantasten.

2. **Die Aufbewahrung:** Tee immer licht- und luftgeschützt in gut verschlossenen Behältern aus Glas oder Porzellan aufbewahren. Nicht in der Nähe starkriechender Lebensmittel lagern.

3. **Der Wasserkessel** sollte emailliert, aus rostfreiem Stahl oder Kupfer sein – nicht aus Aluminium.

4. **Wasser** immer frisch aus dem Kaltwasserhahn verwenden. Hat es schon länger in den Rohren gestanden, eine Minute laufen lassen. Niemals Wasser aus dem Boiler nehmen oder im Kessel »totkochen«!

5. **Die Teekanne** soll aus Porzellan, glasierter Keramik, Silber oder Glas bestehen und nur für Tee verwendet werden. Durch Ausspülen mit heißem Wasser vorwärmen und in die Nähe des Wasserkessels stellen.

6. **Die Teemenge** kann nach persönlichem Geschmack nach oben oder unten abweichen, wobei man für eine große Tasse ($\frac{1}{4}$ l) ca. 1 TL Tee rechnet (bei Broken eher 1 gestrichenen TL, bei Blatt-Tee 1 gehäuften TL). Die englische Regel »and one for the pot«, also ein zusätzlicher Löffel für die Kanne, hat nur Sinn, wenn Sie den Tee sehr kräftig mögen.

7. **Das Ziehen** des Tees sollte 5 Minuten nicht überschreiten, es sei denn, man möchte einen Abendtee, der nur noch beruhigt. Für

Ansicht des Hafens von Shanghai, 1865.

Teepflücken in Darjeeling. Das Teepflücken ist immer der Teil der Ernte gewesen, der am meisten Arbeitskräfte voraussetzt und daher auch die meisten Probleme in sich birgt.

Teeanbaugebiete weltweit.

JRKEI

IRAN

CHINA

JAPAN

TAIWAN

INDIEN

BIRMA

STILLER
OZEAN

UGANDA

CEYLON

MALAYSIA

PAPUA
NEUGUINEA

KENIA

TANSANIA

INDONESIEN

INDISCHER
OZEAN

AUSTRALIEN

MOZAMBIQUE

SIMBABWE

Die Anzahl der Teeblätter
steht in etwa proportional zur Größe
des Teeanbaugebietes.

Bild links: »Two leaves and a Bud« richtig gepflückt. Plantage »Attareek-hat« in Assam.

Bilder rechts: Gepflücktes Blattgut in Welktrögen. Nach 10 Stunden Wel-ken kann das Rollen beginnen.

einen anregenden Tee lieber etwas mehr nehmen und nur 2–3 Minuten ziehen lassen.

Den Tee aufgießen, sobald das Wasser sprudelnd kocht; nach einigen Minuten den Tee in eine vorgewärmte Servierkanne umgießen.

Grünen Tee nur mit heißem, also nicht kochendem Wasser aufgießen und 3–6 Minuten ziehen lassen, je nachdem, wie anregend man ihn wünscht.

8. **Teetassen** sollten aus feinem Porzellan oder glasierter Keramik bestehen.

9. **Das Warmhalten des Tees** sollte, wenn überhaupt, nur mit einer Teehaube geschehen. Vorsichtig also mit Stövchen, da der Tee niemals in der Kanne nachkochen darf.

10. **Milch und Zucker** finden vor allem in England zu kräftigen Teesorten Verwendung, und auch die Ostfriesen schätzen ihren Tee mit Kandis und Sahne. Grüntees und feine Teesorten werden von Kennern nur pur getrunken, wenngleich Zucker durchaus ein Aromaträger ist und so manchem sein Lieblingsgetränk versüßt.

Teerezepte

Englischer Frühstückstee

5 TL englische Teemischung · frische Milch · Zucker

Tee nach den goldenen Regeln (siehe Seite 82) mit 1 l Wasser aufbrühen, 5 Minuten ziehen lassen. Nach Geschmack kalte Milch in die Tassen gießen, mit Tee auffüllen, nach Geschmack süßen. Dazu getoastetes Weißbrot, gesalzene Butter und Orangenmarmelade reichen.

Ostfriesischer Tee

Für 6 Portionen:
8 TL Ostfriesen-Mischung · weißer Kandiszucker »Kluntje«
frische Sahne

Tee nach den goldenen Regeln (siehe Seite 82) mit 1,5 l Wasser aufbrühen, 5 Minuten ziehen lassen. In jede Tasse eine Kluntje legen, den Tee darübergießen, mit einem Löffel vorsichtig Sahne obenauf legen. Nicht umrühren, sondern »schichtweise« trinken. Auf den restlichen Kandis neuen Tee aufgießen. (Dreimal ist Ostfriesenrecht!)

Russischer Tee

5 TL Russische Teemischung je Liter Samowar-Inhalt
Zitronen mit unbehandelter Schale

Wasser im Samowar zum Kochen bringen; Tee in eine vorgewärmte Kanne von gleicher Größe wie die zum Samowar gehörige Essenzkanne geben; sobald das Wasser kocht, aufbrühen und 5 Minuten ziehen lassen, dann den Aufguß in die Essenzkanne abseihen, die oben auf dem Samowar warm gehalten wird. Stilgerecht wird der Tee in Gläsern serviert, die in Henkelhaltern aus Metall stehen. Ins Glas kommt ein Drittel Essenz aus der Kanne, dazu zwei Drittel heißes Wasser aus dem Kessel; die Stärke kann nach dem Geschmack des einzelnen variiert werden. Dazu nach Belieben Zitronenscheiben und Zucker.

Chinesischer grüner Tee

5 TL grüner China-Tee · 1 l Wasser

Tee in der vorgewärmten Kanne mit dem heißen Wasser aufgießen, 5 Minuten ziehen lassen, in Schalen oder Becher mit Deckel abseihen.
Sehr bekömmliches Getränk zu chinesischem oder japanischem Essen.

Indischer Gewürztee

5 TL Assamtee · 1 Zimtstange · 1 Stückchen Muskatblüte
2–3 Nelken · 1/2 l Milch · Zucker nach Geschmack

Alle Zutaten mit 1/2 l Wasser kalt aufsetzen, zum Kochen bringen und bei schwacher Hitze 10 Minuten sanft sieden lassen, abseihen.

Anistee

Für 2 Portionen:
1 TL Anissamen · ½ l Wasser · 1 TL schwarzer Tee
einige Walnüsse nach Belieben

Einen Aufguß von Anissamen (1 TL Anis auf ¼ l Wasser) mit der gleichen Menge heißem schwarzen Tee mischen. Auch der Anissamen soll 5 Minuten ziehen. Als Verfeinerung wird empfohlen, das in Tassen gefüllte Getränk mit gehackten Walnüssen zu bestreuen.

Milchtee

Für 2 Portionen:
1 TL schwarzer Tee · ½ l Milch · 5 EL Kandis
2 Eigelb

Milch mit Zucker aufkochen und über die Teeblätter gießen. 5 Minuten ziehen lassen, abgießen. Man muß nicht, sollte aber das Getränk mit den Eigelben verquirlen.

Marokkanischer Minztee

5 TL Gunpowder-Tee · 4 Zweige frische Minze
Zucker

Tee mit 1 l Wasser aufbrühen, 5 Minuten ziehen lassen. Minzeblätter waschen, abzupfen und mit der gewünschten Menge Zucker in eine zweite Kanne geben (die Marokkaner lieben es so süß wie möglich – wer mit Zucker spart, gilt als Geizhals. Für europäische Gaumen darf's ruhig etwas weniger sein). Auf der Minze 5 Minuten ziehen lassen, dann in Gläser einschenken und servieren. Um den vielen Zucker zu lösen, gießen die Marokkaner den Tee häufig wieder in die erste Kanne, aus der inzwischen die Teeblätter entfernt wurden, wieder zurück.

Minztee ist in Marokko der klassische Trank zum Sonnenuntergang.

Imkertee

Kräftiger schwarzer Tee wird mit Honig gesüßt. Dabei rechnet man mit 1 bis 2 TL pro Glas (soll auch Erkältungen lösen).

Schir-chai aus Afghanistan (Rahmtee)

Für 6–8 Portionen:
1 l Wasser · 1 gestrichener TL Natron
4 TL grüner China-Tee · Kardamom nach Geschmack
1½ l Milch · 1 Becher Schlagsahne

Das Wasser zum Kochen bringen, Natron und Tee hinzufügen. Ungefähr 10 Minuten kochen lassen. Wenn der Sud die Farbe von Coca-Cola angenommen hat, vom Feuer nehmen und durchsieben. Ein zweites Gefäß bereitstellen und 2 EL kaltes Wasser hineingeben. Dann den Sud in langem Strahl in dieses Gefäß laufen lassen. Man fängt unten an und hebt dann das Gefäß, aus dem man gießt, immer höher. Das wiederholt man sieben bis acht Mal so lange, bis die Flüssigkeit durch die Sauerstoffzufuhr aus der Luft die Farbe von Rotwein angenommen hat.

Den Teesud gießt man in die Milch, wobei eine schöne leuchtend rosa Farbe entstehen soll. Man würzt mit Kardamom und erhitzt das Getränk. Die Afghanen trinken es entweder süß oder salzig. Zum Würzen wird neben Kardamom auch Ingwer oder Pfeffer verwendet. Die Kombination süß und scharf ist sehr apart. Man setzt die Schlagsahne teelöffelweise als »Häubchen« auf jede Tasse.

Tee mit Schuß, Pfiff und etwas mehr

Tee mit Rum – das ist die schon klassisch gewordene Verbindung zwischen unserem Göttertrank und Alkohol. Einst von Seebären auf ihren monatelangen Ostasienreisen entdeckt, wurde damit der Grundstein gesetzt für eine lange Folge von Getränken, bei denen unser solider Tee durch die Zugabe von Alkohol seinen letzten Pfiff bekommt. In aller Regel eignet sich Assam- oder Ceylon-Tee am besten.

Eiertee

14 g (ca. 6 TL) Assam-Second-flush-Tee · 1 l Wasser
4 Eigelb · 80 g Zucker · Rum

Tee normal aufgießen und 3 Minuten ziehen lassen. Aus dem Eigelb und dem Zucker eine Creme schlagen, in die ein kräftiger Schuß Rum kommt. Diese Creme in den heißen Tee einrühren.

Torero-Tee

Für 5–6 Portionen:
12 g (ca. 2 EL) Ceylon-Pekoe-Dimbula-Tee · 1 l Wasser
Pfefferminzlikör · 2 ungespritzte Orangen

Den Tee aufgießen und 3 bis 4 Minuten ziehen lassen, bevor er in 0,2-l-Gläser gefüllt wird. Jeweils mit einem Schnapsglas Pfefferminzlikör anreichern und umrühren. Die in Scheiben geschnittenen Orangen mit dem Tee servieren. Am hübschesten sieht es aus, wenn man die Scheiben zur Hälfte einschneidet und auf das Glas steckt.

Tee nach jugoslawischer Art

Recht leicht aufgebrühter schwarzer Tee wird je zur Hälfte mit herbem Weißwein gemischt und mit Honig und Zitronensaft abgeschmeckt. Landesüblich serviert man ihn in großen Keramiktassen.

Schottischer Tee

Schwarzer Tee · Whisky · Zucker · Schlagsahne · Muskat

Einen starken schwarzen Tee zubereiten und zunächst einen guten Schuß Whisky in das Glas geben. Dann Zucker und den Tee zufügen. Schließlich eine Haube aus Schlagsahne daraufsetzen und etwas geriebene Muskatnuß darüberstreuen.

Tee-Klipper

Aus den Tagen, als der Tee auf Segelschiffen rund ums Kap der Guten Hoffnung gebracht wurde.

Für 1 Portion:
1 Glas Rum (Größe nach Belieben)
1 Glas starker heißer Tee · Zucker · 1 Zitronenscheibe

Heißen Tee in ein großes feuerfestes Glas füllen, den vorgewärmten Rum dazugeben, nach Geschmack süßen und eine Zitronenscheibe darauflegen.

Sherpa-Tee

Sherpas, Bewohner der Himalaya-Region, sind als Träger erfolgreicher Bergsteiger-Expeditionen bekannt geworden. So etwas erfordert Kondition. Also:

*Schwarzer Tee · Rotwein (Bordeaux) · Zucker
Zitronenscheiben*

Tee aufgießen, die Gläser zu einem Drittel mit Rotwein füllen, 3 TL Zucker pro Glas dazugeben, mit heißem Tee auffüllen. Mit einer Zitronenscheibe garnieren.

Zwetschgentee

Ganz einfach: In ein Glas leicht gesüßten Tee kommt ein guter Schuß Zwetschgenwasser. Das Rezept kann mit anderen Destillaten – von Arrak und Rum bis zum Weinbrand – beliebig abgewandelt werden.

»Guter« russischer Tee

Schwarzer Tee · Arrak · Rumkirschen · Zucker

In schwarzen Tee einen Schuß Arrak geben, dazu nach Belieben in Rum getränkte Kirschen. Mit Zucker süßen.

Tee Bordeaux

Für 8–10 Portionen:
14 g (ca. 6 TL) Assam-Second-flush-Tee · 1 l Wasser
1 Flasche Bordeaux · 25 g Zucker · Zitronenscheiben

Tee wie üblich aufgießen. Die Gläser je zu einem Drittel mit Bordeaux füllen, jeweils 2 TL Zucker dazugeben, bevor man mit dem heißen Tee aufgießt. Mit einer Zitronenscheibe garnieren.

Arrak-Tee

Für 4–6 Portionen:
12 g (ca. 2 EL) Ceylon-Uva-Highlands-Tee
1 l weiches Wasser · Arrak · 1 Zitrone · Zucker

Tee normal aufgießen und 4 Minuten ziehen lassen. In jedes Glas 1 TL Zitronensaft, 1 bis 2 TL Zucker und einen Schuß Arrak geben, bevor der heiße Tee eingefüllt wird.

Steife Brise

Für 3–4 Portionen:
7 g (ca. 1 EL) echte Ostfriesische Mischung · $\frac{1}{2}$ l Wasser
$\frac{1}{8}$ l Weinbrand · $\frac{1}{8}$ l Rum · 2 Zitronen · 2 EL Honig

Den Saft der Zitronen und den Weinbrand miteinander mischen, den frisch aufgebrühten heißen Tee und Rum hinzugeben, noch mal erhitzen (nicht kochen!) und mit Honig süßen.

Rumtee

12 g (ca. 2 EL) echte Ostfriesische Mischung
1 l Wasser · 4 EL Rum · 1 TL Zitronensaft · Zimtstange
Zucker

Tee wie gewohnt aufbrühen und 3 Minuten ziehen lassen. Jeweils 1 Spritzer Zitronensaft und Rum in ein vorgewärmtes Glas geben und mit dem heißen Tee auffüllen. Zucker nach Geschmack zufügen und mit der Zimtstange umrühren.

Tee Nikolaschka

Das richtige Trinken will gekonnt sein und es bedarf sicher einiger Übung. Die aber lohnt sich!

Schwarzer Tee · Weinbrand · Zitronenscheibe
Zucker

In ein größeres Schnapsglas kommt zur Hälfte starker schwarzer Tee, dann wird es mit Weinbrand aufgefüllt. Auf das Glas gehört nun eine Zitronenscheibe und darauf ein Häufchen Zucker.
Beim Trinken wird die Zitronenscheibe im Mund behalten, die Flüssigkeit soll darüberlaufen.

Tee-Flip
(Milch-Mixgetränk)

Für 1 Portion:
$\frac{1}{4}$ l Milch · 1 EL Zucker · 1 TL Tee (Darjeeling) · 1 Eigelb
1 Gläschen Arrak (oder Rum)

Milch zum Kochen bringen, den Zucker darin verrühren, dann vom Feuer nehmen und den Tee hinzugeben. 5 Minuten ziehen lassen und durch ein Sieb gießen. Dann das Eigelb und den Arrak daruntermischen und das Ganze noch einmal erhitzen.

Tee-Flip, heiß

Für 1 bis 2 Portionen:
2 TL schwarzer Tee · ½ l Wasser · 1 Ei · Zucker
1 Gläschen Arrak · 1 Spritzer Maraschino · Zitrone
Muskatnuß

Tee kochen, 5 Minuten ziehen lassen, abgießen. Das Ei mit dem Zucker, Arrak und Maraschino, etwas Zitronensaft und einer Prise geriebener Muskatnuß mit dem Handrührgerät schaumig rühren. Mit dem heißen Tee vermischen und heiß servieren.

Der **GROG,** ein nach dem Spitznamen des englischen Admirals Vernon benanntes heißes Getränk aus Rum, Zucker und Wasser, wird heute auch mit Weinbrand oder Arrak und Tee zubereitet.

Tee-Grog

14 g (ca. 7 TL) Assam-Second-flush-Tee · ½ l Wasser
¼ l starker Rum oder Arrak · 200 g Zucker · 2 Zitronen
½ l Wasser zusätzlich

Den Teeaufguß 5 Minuten ziehen lassen. Zucker in ½ l kochendem Wasser auflösen und mit Tee und Rum oder Arrak vermischen. Zitronen (entkernt und in Scheiben geschnitten) hinzufügen.

Tee erfrischt an heißen Tagen

Hitze vertreibt Hitze – meint man im Fernen Osten und reicht dem Gast zur Erfrischung heiße Handtücher.

Demzufolge: »Nichts kühlt besser als heißer Tee«, ist als ein Ausspruch des englischen Staatsmannes und Teekenners William Gladstone überliefert.

Daneben sind aber auch Rezepte mit kaltem Tee zu empfehlen – allen voran der Eistee, mit dem Amerika sich seinen Platz in der Teekultur gesichert hat.

Eistee ist schockartig gekühlter Tee, den man auf Eiswürfel gießt. Durch diesen »Kälteschock« wird vermieden, daß er längere Zeit steht und entsprechend abgestanden schmeckt. Seine Freunde loben die besonders große Kühlwirkung des Eistees und sein frisches Aroma.

Erfunden wurde er im Jahre 1904 in Amerika, wo man ihn »Iced-Tea« nennt. Dort wurden auf der Weltausstellung in St. Louis an einem glühend heißen Tag Proben von indischem Tee angeboten, die niemand haben wollte. Der Verkäufer kam auf die Idee, ihn kalt mit Eisstückchen zu servieren und hatte durchschlagenden Erfolg.

Original-Eistee – Iced Tea

Für 4–6 Portionen:
20 g (ca. 3 EL) bester Ceylon Uva Pekoe
1 l weiches, kochendes Wasser
Saft von 1–2 ausgepreßten Zitronen · Zucker oder Honig
reichlich Eiswürfel

Den Teeaufguß 5 Minuten ziehen lassen, Zitronensaft hinzugeben.
Nach Geschmack mit Zucker oder Honig süßen. Gläser etwa zur
Hälfte mit Eiswürfeln füllen und heißen Tee darübergießen.

Eistee-Grundrezept

Eiswürfel auf den Boden einer Kanne oder eines Kruges legen.
Einen doppelt starken (2 TL pro Tasse) Ceylon-Tee aufbrühen,
nach 5 Minuten abgießen und mit Zucker und Zitrone abschmecken. Den heißen Tee über die Eiswürfel gießen und umrühren. Das kalte Getränk in einer Thermoskanne aufheben.

Eistee Kuba I

Eistee wie oben herstellen, auf die Eiswürfel aber – bevor der
heiße Tee darauf kommt – pro Portion ein Gläschen Rum geben.

Eistee Kuba II

Ananasstücke (pro Portion 1–2 EL)
Rum (pro Portion 4 cl) · schwarzer Tee · Eiswürfel

Die Ananasstücke sollen 30 Minuten im Rum ziehen. Dann mit einigen Eiswürfeln in die Gläser geben und mit gekühltem schwarzen Tee auffüllen.

Eistee englisch

Für etwa 10 Gläser:
Ca. 3 EL schwarzer Tee · 1 l Wasser · Zitronensaft
Zucker · Eiswürfel

Einen doppelt starken schwarzen Tee brühen, 5 Minuten ziehen lassen, abgießen, 1 l kaltes Wasser zugießen. In Gläser einige Eiswürfel geben und den Tee darübergießen. Zitronensaft und Zucker dazu reichen. Jeder schmeckt seinen Tee selbst ab.
Dieser Tee kann – im Gegensatz zu dem nach amerikanischem Rezept gekochten – längere Zeit stehen bleiben.

Eistee mit Pfefferminze

Besonders erfrischend ist Eistee, der aus einer Mischung von schwarzem oder grünem Tee und Pfefferminztee besteht. Dabei soll mit Zitronensaft (und Zucker) nicht gespart werden.

Gewürzter Eistee

Für etwa 6 Gläser:
8 TL schwarzer Tee (Ceylon) · 2 TL Pfefferminztee
2 TL Ingwerpulver · 4 Gewürznelken · 1 Stange Zimt
1 l Wasser · Saft von 3 Zitronen · Eiswürfel

ZUR GARNIERUNG:
frische Minze

Den Tee und die Gewürze mit kochendem Wasser übergießen, gut 5 Minuten ziehen lassen, abgießen und abkühlen lassen. Den Zitronensaft dazugeben, Eiswürfel in die Gläser verteilen und den Tee darübergießen.
Es sieht gut aus, wenn in jedes Glas zur Garnierung ein oder zwei Zweiglein frische Minze kommen.

Tee-Orange

Für 2 Gläser:
Saft von 1 Orange · 1/4 starker Ceylon-Tee
Limonade und Eisbruch

Das Eis in ein Glas füllen, mit heißem Tee übergießen und den Orangensaft hinzufügen. Mit Limonade nach Geschmack auffüllen und mit einer Orangenscheibe dekorieren.

Apfeltee

Eiswürfel in einem Glas werden zu gleichen Teilen mit Apfelsaft und Darjeeling OP Tee übergossen. 1 TL Zitronensaft zufügen. Je nach Geschmack kann das Getränk mit Bitter-Lemon verlängert werden.

Eistee mit Ingwer

12 TL Yünnan-FOP-Tee · 1 l Wasser · Zitrone
100 g Zucker · kandierter Ingwer · Eiswürfel

Den Tee aufbrühen und 5 Minuten ziehen lassen, dann absieben. Die Gläser zu $2/3$ mit Eiswürfeln füllen, den Tee darübergießen und mit Zitronenscheiben und kandierten Ingwerstückchen servieren.

Eistee im Glas

Für 1 Portion:
3 TL Ceylon-BOP-Tee · $1/4$ l Wasser · 1 EL Zucker
Saft von $1/2$ Zitrone · 2 TL Gin · Eiswürfel

Den Tee mit dem abgemessenen Wasser aufbrühen und diesen Extrakt mit einem schwach gehäuften EL Zucker süßen. Reichlich Eiswürfel und den Saft einer halben Zitrone in ein Glas geben, nach 3 Minuten den Tee-Extrakt absieben und dazugießen. Zuletzt mit 2 TL Gin »würzen«. Statt Gin schmeckt auch Cognac oder Campari.

Zitroneneistee mit Arrak

500 ml Zitroneneis · $1/2$ l abgekühlter schwarzer Tee
4 TL Arrak

Das Eis in 4 hohe Gläser füllen, den Tee mit Arrak vermischen und über das Eis gießen.

Apfeleistee mit Calvados

500 ml Apfeleis
$1/2$ l abgekühlter schwarzer Tee (Yünnan)
4 EL Calvados

Das Eis in 4 hohe Gläser füllen, den Tee mit dem Calvados vermischen und über das Eis gießen.

Eistee Ostfriesenart

10 TL Tee (Ostfriesische Blattmischung) · 1 l Wasser
150 g Schlagsahne · 90 g Puderzucker · Weinbrand

Den Tee aufbrühen, die Sahne steif schlagen und mit dem Puderzucker mischen. Ein Glas zu $2/3$ mit Eiswürfeln füllen. $1/3$ des heißen Tees daraufgießen, umrühren, ein Sahnehäubchen aufsetzen und einige Tropfen Weinbrand dazuspritzen.

Hooghly Hangover
Ein Rezept aus Kalkutta

Für 1 Portion:
$1/2$ Tasse starker Tee, Assam Golden FOP (kalt)
1 Glas Wodka · 1 TL Zucker
Saft von $1/2$ Zitrone · Eis

Wodka mit Zitronensaft und Zucker mischen. Mit Eisbruch in ein hohes Glas füllen und mit Tee übergießen.

Sportlertee

Schwarzer Tee · Traubenzucker · Zitrone · Eiswürfel

Besonders belebend wirkt stark aufgegossener und nur kurz gezogener Tee, der reichlich mit Traubenzucker gesüßt und mit Zitrone abgeschmeckt ist.
Für die heiße Jahreszeit wird Sportlertee gekühlt mit Eiswürfeln als Erfrischungsgetränk empfohlen.

Himalaja-Schnee

Darjeeling-Second-flush-Tee · Milch · Zucker
Vanille oder Rum nach Geschmack · Sahne

Den Eistee nicht mit Wasser, sondern mit Milch zubereiten. Vor dem Schocken über den Eiswürfeln süßen, mit Vanille oder Rum würzen. Süße Sahne halbfest schlagen und unterheben. Kühl servieren!

Kaschmir-Tee

6 g (ca. 1 EL) grüner Assam-Tee · 6 g Assam-First-flush
1 l weiches Wasser · 5 ganze Kardamomkapseln
1 kleine Zimtstange · 2 Gewürznelken · 1 Vanillestange
weißer Kandis

Heißes Wasser über die Teeblätter gießen, 3 Minuten ziehen lassen und absieben. Die Gewürze zu dem fertigen Tee in die Kanne geben und 5 Minuten warten, bis sie ihr Aroma an den Tee abgegeben haben. Kandis in Tassen oder Schälchen legen und den Tee darübergießen.

Früchtetees

können ganz einfach hergestellt werden, indem stark aufgegossener Tee bis zur Hälfte mit Fruchtsaft vermischt wird. Eine weitere Möglichkeit ist es, das Teewasser mit dem Fruchtsaft zu vermischen und so über die Teeblätter zu gießen. Allerdings gehen dabei viele Vitamine im Fruchtsaft durch das Erhitzen verloren.

Tee mit Ingwer

Schwarzer Tee · frischer oder kandierter Ingwer · Kandis

Schwarzen Tee kochen, in die Gläser kleingeschnittenen Ingwer und Kandis geben und den heißen Tee darübergießen.

Tee mit Zimt

Schwarzer Tee · Zimtrinde · Zucker

Vor dem Aufgießen wird auf die Teeblätter ein kleines Stück Zimtrinde gelegt, das dem Tee ein besonderes Aroma verleiht.

Englischer Gewürztee

Es ist englische Tradition, schwarzen Tee selbst zu aromatisieren, etwa mit Zimtrinde, Gewürznelken und abgeriebener Zitronenschale.
Die Zutaten werden vermischt und etwa 1 Woche in einer verschlossenen Büchse aufgehoben. Dann ist der Tee verwendungsfähig.

Zitronen- oder Orangentee

Diesmal kein aromatisierter Tee:
Normaler schwarzer Tee wird aufgegossen, in jedes Glas kommt eine unbehandelte Orangen- oder Zitronenscheibe. Mit Zucker nach Geschmack süßen.

Tee-Limonaden

sind Mixgetränke aus starkem schwarzem Tee und Fruchtsäften. Meist auf Eiswürfeln, nach Geschmack gesüßt. Bei Zitronenlimonade, wozu relativ viel Zucker benötigt wird, sollte dieser in kochendem Wasser aufgelöst werden:

60 g Zucker · 1 l Wasser · 8 TL schwarzer Tee
1–2 Zitronen · Eiswürfel

Den Zucker in kochendem Wasser auflösen, das Zuckerwasser über die Teeblätter gießen und 5 Minuten ziehen lassen. Abseihen, Zitronensaft dazugeben. Eiswürfel in die Gläser verteilen und den Tee darübergießen. Mit je einer (unbehandelten) Zitronenscheibe garnieren.

Kalter Tee als Longdrink

Durch seine Geschmackseigenschaften – sein Aroma und seine leichte Bitterkeit – empfiehlt sich der Tee als Komponente in vielerlei Longdrinks, nicht nur zu heißen Jahreszeit. Eistee abgewandelt mit diversen Spirituosen ist in all seinen Möglichkeiten noch gar nicht erforscht – vielen sogar gänzlich unbekannt.

Bengaltiger

Für 1 Portion:
1 TL Zitronensaft · 2 Spritzer Angostura · ½ TL Zucker
1 EL Cognac · 1 Tasse kräftiger guter Assamtee (kalt)

Zitronensaft mit Zucker und Angostura in einem schlanken Glas mischen. Mit Eiswürfeln auffüllen, darüber den Cognac und dann den Tee gießen. Mit einer Scheibe Zitrone oder einem Blatt Minze dekorieren.

Tee-Cocktail

12 g (ca. 2 EL) Ceylon-Uva-Pekoe-Tee · ½ l Wasser
Weinbrand · Maraschinokirschen · Puderzucker · Eiswürfel

Den Teeaufguß 5 Minuten ziehen lassen. Die Gläser halbvoll mit Eiswürfeln füllen und kleingeschnittene Maraschinokirschen, mit Puderzucker gesüßt, darauflegen. Den heißen Tee darübergießen und mit einem Schuß Weinbrand servieren.

Champagner-Tee

Für 8 Portionen:
8 g (ca. 3 TL) Ceylon-Uva-Pekoe-Tee für
$\frac{1}{4}$ l weiches Wasser
2 Flaschen halbtrockener Sekt oder Champagner
1 Zitrone · Kandis

Teeaufguß 3 Minuten ziehen lassen, mit Kandis süßen und mit dem Saft einer halben Zitrone abschmecken, kalt stellen. Zum Servieren mit Sekt oder Champagner auffüllen, die andere Hälfte der Zitrone – wenn ungespritzt – in Scheiben geschnitten auf die Gläser verteilen.

Tee-Früchte-Bowle

Für 6–8 Portionen:
20 g (ca. 3 EL) Ceylon-Uva-Pekoe-Tee · 1 l Wasser
$\frac{1}{4}$ l Orangensaft · $\frac{1}{4}$ l Zitronensaft · 2 Orangen
1 Zitrone · 1 Tasse Erdbeeren · 200 g Zucker

Den Teeaufguß 5 Minuten ziehen lassen, Zucker einrühren und kalt stellen. Nach etwa 1 Stunde Orangensaft, Zitronensaft, die in Scheiben geschnittenen Orangen und Zitronen sowie die Erdbeeren zufügen und mit Eiswürfeln servieren.

Sekt-Tee-Bowle

Für 8 Portionen:
5 g (ca. 1 EL) Ceylon-Uva-Pekoe-Tee für $\frac{1}{4}$ l Wasser
2 Flaschen Sekt · 1 Zitrone · 12 Stück Zucker

Teeaufguß 5 Minuten ziehen lassen. Mit Zucker und dem Saft einer Zitrone abstimmen und abkühlen lassen. Vor dem Servieren mit den beiden Flaschen Sekt auffüllen und – wenn ungespritzt – noch einige Zitronenscheiben hineinlegen.

Kalter Eiertee

12 TL guter Assam-Golden-FOP-Tee · 1 l Wasser
Cognac · 4 EL Zucker · 3 Eier · Muskatnuß

Den Tee aufbrühen und 5 Minuten ziehen lassen, abgießen, kalt stellen. In einen Mixbecher feines Eis, 3 Gläschen Cognac, rohes Eigelb und eventuell etwas Zucker geben.
Alles kräftig schütteln, in Gläser seihen, mit kaltem Tee auffüllen und mit Muskatnuß überreiben.

Punsch und Tee, heiß

Der Ausdruck Punsch kommt von dem Hindi-Wort »pantsch« und bedeutet fünf oder fünferlei. Denn ursprünglich – im 17. Jahrhundert – verlangte man streng, daß ein Getränk, das diesen Namen für sich beanspruchte, aus den fünf Kostbarkeiten Arrak, Zitrone, Gewürz, Zucker und Tee zu bestehen habe. Dieses köstliche »Gesöff« – das Wort wie das Rezept – haben englische Seeleute, Matrosen der EAST INDIA COMPANY, die damals das Teemonopol innehatte, aus Ostindien mitgebracht und verbreitet. Inzwischen darf statt Arrak auch Rum, Weinbrand oder Wein verwendet werden. Zitronen kann man durch Orangen ersetzen. Die Regeln sind nicht mehr so streng – Hauptsache es schmeckt.

Als schwarzer Tee eignet sich in der Regel Assam-Second-flush sehr gut. Wenn nicht anders vermerkt, sollte man 12 g (ca. 2 EL) Tee pro Liter Wasser rechnen. Wichtig ist, daß der Punsch zwar heiß auf den Tisch kommt, aber nicht gekocht wurde. Denn dann würde er zuviel von dem herrlichen Aroma verlieren, das ihn so besonders auszeichnet. Auch sollten wir ihn stets in vorgewärmten Gläsern servieren – denn heiß muß er schon bleiben, wenngleich so mancher Punsch auch kalt ausgezeichnet schmeckt.

Friesischer Teepunsch

3 gehäufte TL guter Ostfriesentee
½ l kochendes Wasser · 1 Flasche Rotwein
2 Gewürznelken · 1 Stückchen Zimt · 1 Stern-Anis
2 EL Zucker · Zitronensaft · Orangensaft · Kandiszucker

Tee mit kochendem Wasser überbrühen, 5 Minuten ziehen lassen, dann absieben Mit Rotwein, Nelken, Zimt, Anis und Zucker erhitzen und anschließend mit Zitronen- und Orangensaft abschmekken. Mit Kandiszucker servieren.

Holsteiner Punsch

1 Flasche Weißwein · 200 g Zucker
abgeriebene Zitronenschale · Saft von 1 Zitrone
10 TL Tee (Ceylon-Assam-Mischung)
$^1/_2$ l heißes Wasser · 1 Weinglas Rum

Wein, Zucker, Zitronenschale und Zitronensaft erhitzen und kurz aufwallen lassen. Die Teeblätter mit kochendem Wasser überbrühen, nach 5 Minuten absieben. Den heißen Wein zugießen, kurz umrühren und sofort heiß servieren.

Rotweinpunsch mit Kandis
(Foto Seite 121)

4 TL Tee (Indonesien) · $^1/_4$ l Wasser
150 g weißer Kandis · 3 Nelken · etwas Stangenzimt
1 Zitrone · 1 Flasche Rotwein

Den Tee zubereiten und 5 Minuten ziehen lassen. Dann abgießen und mit Kandis, Nelken, Zimt und dem Saft der Zitrone aufkochen. Den Rotwein dazugeben, nochmals erhitzen und heiß servieren.

Einfacher Teepunsch

Für 4–6 Portionen:
1 l starker schwarzer Tee · $^1/_4$ l brauner Rum · Zucker
Scheiben von 1 unbehandelten Zitrone

Tee und Rum in einem Topf bis kurz vor dem Siedepunkt erhitzen, nach Geschmack süßen und in feuerfeste Gläser gießen. Auf jedes Glas eine Zitronenscheibe stecken.

Friesenpunsch

Für 6 Portionen:
8 TL schwarzer Tee (Ostfriesische Mischung)
$\frac{1}{2}$ l Wasser · 1 Flasche Rotwein · 2 Gewürznelken · Zimt
Anis · 2 EL Zucker · Zitronensaft · Orangensaft
Kandiszucker · nach Wunsch weißer Rum

Einen starken Tee kochen, 5 Minuten ziehen lassen und abgießen.
Zusammen mit dem Wein, den Gewürzen und dem Zucker erhitzen, mit dem Zitronen- und Orangensaft abschmecken. Kandiszucker zum Nachsüßen dazu servieren.
Wem das Getränk zu schwach ist, der kann es durch Beigabe von – beispielsweise – weißem Rum gehaltvoller machen.

Japanischer Teepunsch

Für 15–20 Portionen:
2 TL grüner Tee (Japan-Bancha) · $\frac{1}{2}$ l Wasser
250 g Zucker · 1 unbehandelte Zitrone
2 Flaschen Moselwein · 1 Flasche Arrak

Den Tee aufbrühen, 2 Minuten ziehen lassen, abseihen, mit dem Zucker süßen und die abgeriebene Zitronenschale hinzufügen. Durch ein Sieb gießen, Moselwein und Arrak dazugießen. Alle Zutaten gut erhitzen, aber nicht kochen lassen. Der japanische Teepunsch wird in einer vorgewärmten Porzellanterrine serviert und aus kleinen Porzellantassen getrunken.

Teepunsch mit Weißwein

3 TL schwarzer Tee · ¼ l Wasser
1 unbehandelte Zitrone · 1 Flasche Weißwein
100 g Zucker · etwas Rum

Aus Tee und Wasser einen starken Aufguß bereiten, 5 Minuten ziehen lassen und abseihen. Zusammen mit Wein, Zucker und dem Saft der Zitrone bis zum Siedepunkt erhitzen, mit Rum abschmecken.

Orangenpunsch

Ein Seelenwärmer, der sich mit seinen Vitaminen großer Beliebtheit als Hausmittel gegen Erkältungen erfreut!

½ l starker schwarzer Assam-Tee · Saft von 1 Zitrone
¼ l Orangensaft (möglichst frisch ausgepreßt) · ⅛ l Rum
1 Stange Zimt · etwas Ingwerwurzel · 3 Gewürznelken
4 EL Zucker · 1 kleines Glas Portwein

Alle Zutaten in einem Topf unter ständigem Rühren bis zum Siedepunkt erhitzen, durch ein Sieb in ein feuerfestes Gefäß abgießen.

Eierpunsch

4 TL schwarzer Tee (Ceylon) · ½ l Wasser
250 g Zucker · 3 Eigelb · ¼ l Weinbrand

Einen starken schwarzen Tee kochen, ziehen lassen, abgießen. Die Hälfte des Zuckers direkt im Tee auflösen, die andere Hälfte mit dem Eigelb und dem Weinbrand schaumig rühren. Dann bei schwacher Hitze unter ständigem Rühren dem Tee einverleiben. Das Ganze weiter erhitzen, bis der Punsch zu steigen beginnt.

Die Menge des Weinbrands sollte auf die Außentemperatur abgestimmt sein – kann also nach oben oder unten variieren. Das Rezept in der vorstehend angegebenen Form ist eine recht wirksame Vorbeugung gegen winterliche Erkältungen.

Krambambuli
(heiß oder kalt)

Das Rezept ist für eine größere Gesellschaft geeignet.

Für 12–15 Portionen:
*1 l starker schwarzer Tee · 3 Flaschen Weißwein · Zucker
Zitrone · Arrak nach Geschmack*

Den Wein mit Zucker nach Geschmack zum Kochen bringen, den Tee hinzufügen, mit Zitronensaft und Arrak abschmecken.

Apfelpunsch

Für 6–8 Portionen:
*½ l starker schwarzer Tee · 1 l Apfelsaft · 1 Orange
1 Zitrone · 2 TL Zucker · Zimtstange · 2 Nelken
Calvados nach Belieben*

Alle Zutaten bis auf den Calvados in einem Topf langsam erhitzen. Wenn es sich um ungespritzte Früchte handelt, werden neben dem Saft von Orange und Zitrone auch die Schalen verwendet. Bis zum Siedepunkt erhitzen. Danach Calvados nach Belieben hinzufügen. Als Faustregel gilt: 1 dl auf die oben genannte Menge.

Mitternachtstee

gibt Schwung, um bis zum Morgen durchzufeiern!

Für ca. 10 Portionen:
16 TL schwarzer Tee · 1 l Wasser · 8 Orangen
2 Zitronen · Zucker · $\frac{1}{2}$ l Rum · etwas Arrak

Den Tee aufgießen, 5 Minuten ziehen lassen. Inzwischen die Orangen und Zitronen auspressen. Saft, Rum und Arrak zum Tee geben, mit Zucker abschmecken und erhitzen.

Russischer Punsch

Für 6–8 Portionen:
3 TL schwarzer Tee · $\frac{1}{4}$ l Wasser · 6 Eier
1 Flasche Weißwein · $\frac{1}{2}$ Flasche Weinbrand
1 Wasserglas Wodka · 150 g Zucker

Tee aufbrühen, 5 Minuten ziehen lassen, abgießen. Die Eier schaumig rühren. Den Tee zugießen und im Wasserbad mit dem Handrührgerät bei leichter Hitze verquirlen, bis der Punsch schaumig ist.

Ananaspunsch

Für ca. 15 Portionen:
250 g Ananas in Scheiben · 1 dl Ananassaft
1 dl Madeira · $\frac{1}{2}$ l starker Tee · 250 g Zucker
3 Flaschen Rotwein · Saft von 3 Zitronen · $\frac{1}{4}$ l Arrak

Ananasscheiben mit Saft und Madeira zugedeckt etwa 2 Stunden ziehen lassen. Alles übrige zusammen erhitzen (nicht kochen!), über die Ananasscheiben gießen, umrühren, servieren.

115

Tee India

24 g (ca. 3 EL) kräftige Assam-Teemischung
1 l Wasser · kandierter Ingwer · Kandis

Den starken Tee aufgießen und maximal 5 Minuten ziehen lassen. Ingwer in kleine Stücke schneiden und mit Kandis nach Geschmack in die Tassen geben, die daraufhin nur zur Hälfte mit Tee aufgefüllt werden.

Teepunsch Cochin

Für 6–8 Portionen:
3 TL südindischer Tee · $\frac{1}{2}$ l Wasser
1$\frac{1}{2}$ bis 2 Flaschen Rotwein · 250 g Zucker
1 Tasse Arrak · 1 ungespritzte Zitrone · 1 Stange Zimt
4 Nelken und 1 Prise Muskat

Den Tee aufgießen und 5 Minuten ziehen lassen. Die Zitronenschalen abreiben, die Frucht in Scheiben schneiden und entkernen. Den Rotwein mit dem Zucker in einem großen Topf erhitzen, die Gewürze, die Zitrone, den Tee und zum Schluß den Arrak hinzufügen. Sofort trinken!

Groninger Teepunsch

Für 6–8 Portionen:
9 TL Java-Melange-Tee · $\frac{3}{4}$ l Wasser
2 Flaschen Rotwein · 200 g weißer Kandis
1 Zitrone · $\frac{1}{4}$ Flasche Arrak

Den Tee aufbrühen, nach 4 Minuten abseihen und mit Wein, Kandis und Zitronenschale siedend heiß werden lassen. Den Arrak sowie den Saft der Zitrone dazugeben und heiß servieren.

Mr. Gordon's Tea

Für 1 Person:
1 Tasse Milch · 1 TL Uva-Highland-Tee ·
Zucker nach Geschmack · 1 Eigelb

Die Milch aufkochen, den Tee damit aufbrühen, also statt Wasser Milch nehmen. Abseihen, leicht süßen. Das Eigelb mit etwas Zukker schaumig rühren und langsam der Flüssigkeit zugeben.

Colonel's Indian Tea

Für 5–6 Portionen:
7 TL Tee (Dooars oder Assam) · 1 l Wasser
$\frac{1}{4}$ l Milch · 2 EL Kandis · 2 TL Puderzucker
2 TL Honig · 1 TL feiner Zimt
1 Msp Muskatnuß
1 Msp gebrochener Kardamom · 2 Eigelb

Einen starken Tee aufgießen. In einem Topf die Milch mit Kandis, Honig, Zimt, Kardamom und Muskatnuß erhitzen, jedoch nicht aufkochen. Die Eidotter in einer kleinen Schale mit dem Puderzucker verrühren und nach und nach die heiße Milch zugeben. Dann den Tee hinzufügen und mit dem Schneebesen etwas schlagen, so daß eine schaumige Oberfläche entsteht. In Gläser oder große Tassen füllen. Dazu schottische Biskuits oder Nußgebäck reichen.

Tee Madagaskar

Für 6 Portionen:
6 TL schwarzer Tee (Yünnan) · $\frac{1}{2}$ l Wasser
1 Stange Vanille · Saft von 1 Orange
200 g Zucker · 1 Flasche trockener Weißwein
$\frac{1}{4}$ l Madeira

Den Tee aufbrühen und einige Minuten mit der aufgeschnittenen Vanillestange ziehen lassen. Orangensaft zugeben. Dann absieben, mit dem Zucker, Weißwein und Madeira vermischen, umrühren und erhitzen.

Assam-Ingwer-Punsch

Für 6 Portionen:
6 TL schwarzer Assam-Tee · $\frac{1}{2}$ l Wasser
1 Flasche Rotwein · $\frac{1}{4}$ l Wasser · 1 Zitrone
2 Stück Ingwerwurzel · Rum · 2 Nelken
125 g Zucker

Tee aufbrühen und Rotwein bis zum Siedepunkt erhitzen. Gleichzeitig $\frac{1}{4}$ l Wasser mit Zucker, Ingwerwurzel und Nelken im geschlossenen Topf 10 Minuten leicht köcheln lassen. Diese Lösung und den Tee zusammen mit dem Zitronensaft durch ein Sieb in den heißen Rotwein gießen. Das Ganze mit einem Glas Rum vollenden.

Muffins mit Grieß (Rezept Seite 75)

Englische Weihnachtskrapfen (Rezept Seite 76)

Rotweinpunsch mit Kandis (Rezept Seite 111)

Teepunsch mit Sahne (Rezept Seite 125)

Eierpunsch mit Weißwein

Für 6-8 Portionen:
6 TL schwarzer Tee · $\frac{1}{2}$ l Wasser · 1 Flasche Weißwein
8 Eier · 2 unbehandelte Zitronen · 5 Nelken
$\frac{1}{2}$ TL Muskatpulver · 4 EL Zucker
5 Stück Würfelzucker

Den Teeaufguß 4 Minuten ziehen lassen und darin Nelken, Muskatpulver und die am Würfelzucker abgeriebene Zitronenschale weitere 3 Minuten ziehen lassen. Absieben und mit dem Weißwein und dem Saft der beiden Zitronen erhitzen. Das Eigelb mit dem Zucker schaumig rühren und in die Flüssigkeit quirlen.

Pariser Punsch

Für 6-8 Portionen:
1 l schwarzer Tee
$\frac{1}{4}$ l Armagnac (oder guter Cognac)
frisch gepreßter Saft von 5 Orangen
Saft von 3 Zitronen · 200 g Zucker

Den Teeaufguß 4 Minuten ziehen lassen. Zusammen mit dem Armagnac (oder Cognac), dem Orangen- und Zitronensaft sowie dem Zucker bis kurz vor den Siedepunkt erhitzen.

Flammender Tee

Für 6 Portionen:
12 g (ca. 2 EL) Ceylon-OP-Nuwara-Eliya-Tee
1 l Wasser · $\frac{1}{4}$ l Rum (über 50 %)
kleingeschnittene Fruchtstückchen
z. B. von Orangen, Mandarinen, Zitronen oder
Maraschinokirschen
$1\frac{1}{2}$ EL Zucker · feuerfeste Trinkgläser

Teeaufguß 4 Minuten ziehen lassen. Zuerst die Fruchtstücke in die Gläser geben. Bis zu einem Drittel mit Rum auffüllen und den heißen Tee dazugießen. Anzünden und zuschauen, bis das Feuer erloschen ist.

Samowartee aus Kashmir

Für 6–8 Portionen:
$1\frac{1}{2}$ l Wasser · $\frac{3}{4}$ l Milch · 10 TL Zucker
$\frac{1}{2}$ Stange Zimt · 1 EL grüner Blatt-Tee aus Indien
1 Msp doppeltkohlensaures Natron

Wasser und Milch in die äußere Kammer des Samowars gießen, Zucker und Gewürze hinzufügen und zum Kochen bringen. $\frac{1}{2}$ Stunde köcheln lassen und doppeltkohlensaures Natron hinzufügen. Heiß servieren.
Dieses Rezept kann auch im normalen Kochtopf zubereitet werden.

Teepunsch mit Sahne

(Foto Seite 122)

Für 2 Portionen:
$\frac{1}{4}$ l starker heißer Tee · 30 g Zucker
1 Packung Vanillezucker · 1 Eigelb
Schale von $\frac{1}{2}$ unbehandelten Zitrone
$\frac{1}{8}$ l erwärmte Sahne · 2 cl erwärmter Cognac
2 cl Eierlikör · 1 Eiweiß · 1 EL Zucker
etwas Schokolade für die Garnitur

Den Tee heiß halten. Zucker, Vanillezucker, Eigelb und Zitrone in einem kleinen Topf bei mäßiger Hitze so lange schlagen, bis eine cremige Masse entstanden ist.

Die warme Sahne, den Cognac und den Eierlikör unter den heißen Tee rühren. Das Eiweiß steif schlagen, den Zucker einrieseln lassen, noch 1 – 2 Minuten weiter schlagen, dann den Eischnee mit dem Schneebesen unter den Teepunsch rühren. In zwei vorgewärmte Gläser gießen und mit Schokospänen garnieren.

Punsch und Tee, kalt

Teepunsch kalt I

Für 4–6 Personen:
6 g (ca. 1 EL) Assam Second flush für $\frac{1}{2}$ l Wasser
$\frac{1}{2}$ l Rum oder Weinbrand · 2 Zitronen · Zucker · Eiswürfel
verschiedene Früchte wie Pfirsichscheiben, Himbeeren,
Erdbeeren

Teeaufguß 4 Minuten ziehen lassen. Zitronenschaft mit Zucker vermischen und eine gute halbe Stunde ziehen lassen. Alles in einen Glaskrug mit Eiswürfeln geben und Rum oder Weinbrand darübergießen.

Teepunsch kalt II

Wenn auch »gehaltvoll«, so doch ein fast unübertroffener Muntermacher für heiße Tage!

Für 1 Portion:
$\frac{1}{8}$ l starker schwarzer Tee · 4 cl Zitronensaft
4 cl Weinbrand · 2 cl Orangenlikör · 2 TL Zuckersirup
2–3 Eiswürfel

Zum Garnieren:
verschiedene Früchte, zum Beispiel $\frac{1}{2}$ Pfirsich,
2 Erdbeeren und 2 Cocktailkirschen

Die oben genannten Zutaten – das Eis fein geschabt – in ein großes Glas geben und vermischen. Mit Früchten möglichst bunt garnieren.
Mit Löffel und Trinkhalm servieren.

Teepunsch Haifa

625 ml aufgegossener Tee (China-Keemun)
125 ml Rotwein · Saft von 1 Zitrone
Zucker nach Geschmack · 3–4 Scheiben frische Gurke

Tee und Rotwein mischen, Zitronensaft und Zucker nach Geschmack hinzufügen. Über zerschlagene Eisstücke gießen und mit der Gurke dekorieren.

Schottischer Teepunsch, kalt

Für 6–8 Portionen:
315 ml kräftiger Schwarztee (kalt)
185 g weißer Zucker · 315 ml Orangensaft
4 EL Zitronensaft · 2 kleine Flaschen Ginger Ale
1 l Limonade · Eiswürfel

Den Tee in eine Schale gießen, Zucker hinzufügen und rühren, bis er sich aufgelöst hat. Fruchtsaft, Limonade und Ginger Ale zugeben und über ausreichend Eiswürfel gießen.

Teepunsch London, kalt

Für ca. 8 Portionen:
12 TL Ceylon-Tee · 1 l Wasser
Zitronen- oder Orangensirup · Gin · Orangenbitter
1 Dose Ananas · 3 Orangen · Eiswürfel

Den Tee aufbrühen, 5 Minuten ziehen lassen, absieben und kalt stellen. 2 Orangen auspressen, den Saft mit dem abgekühlten Tee vermischen. Einige Eisstücke, jeweils 1 TL Sirup, etwas Gin und einen Spritzer Orangenbitter sowie einige Ananasstücke in Teegläser geben. Mit dem abgekühlten Tee auffüllen, mit Orangenscheiben und Strohhalmen servieren.

Nilgiritee mit Gin

12 TL Nilgiritee · 1 l Wasser · 120 g Zucker · 3 Zitronen
Gin · Eiswürfel

Den Tee zubereiten. 3 bis 4 Minuten ziehen lassen und mit Zucker süßen. Jeweils 3 Eiswürfel und den Saft einer halben Zitrone in Gläser geben. Darüber den heißen Tee gießen und etwa 2 TL Gin hinzufügen.
Auf den Rand jedes Glases eine Zitronenscheibe stecken und mit einem Trinkhalm servieren.

Tee von A bis Z

Das Lexikon der Teebegriffe

Ästhetische Tees nannte man in der Biedermeierzeit die Zusammenkünfte in literarischen Salons in Berlin und andernorts. Karl August Varnhagen von Ense, Ehemann der Rahel Varnhagen, erinnerte sich in seinen *Denkwürdigkeiten*:

>*Ein paar Bildnisse hingen an der Wand, zwei Büsten, Prinz Louis Ferdinand und Schleiermacher standen zwischen Blumentöpfen. Das Ganze machte einen eleganten Eindruck, oder vielmehr die Anordnung war so gefällig und bequem, daß die höchste Eleganz bewirkt werden soll und bei den größten Mitteln doch so oft verfehlt wird. Auf dem Fortepiano lagen einige Bücher: ein Band von Saint-Martin und die Gedichte Uhlands, ein französischer Roman und Fichtes Staatslehre ruhten friedlich beisammen.*
>
>*Durch eine Neuigkeit kam das Gespräch auf Politik, und nun entstand ein heißer Kampf über den gefährlichen Vorwurf, ob ein Fürst den Eid halten müsse, den er seinem Volke geleistet. Der lebhaft rasche Disput war wie ein improvisiertes Schauspiel, nur einige Male warf Frau von Varnhagen leichte Zwischenworte hinein, um das Gespräch in gutem Gange zu halten. Sie klärte die schwülen Lüfte durch rasche Blitze eines leichten Humors, der ihr so eigen war und dessen Überraschendes ich nicht besser bezeichnen kann, als daß ich es einen angenehmen Schreck nenne, aus Staunen und Behagen gemischt.*«

Dies hatte die Leichtigkeit, das Unverkrampfte, das man jeder Teerunde wünscht. »Gesprächige Freunde, Gleichgesinnte, herein!« – diese Goethesche Aufforderung hat die Teenachmittage und Teeabende der Rahel immer neu belebt.

Afrika. Die jungen Teeländer dieses Kontinents sind in den letzten Jahrzehnten ein wesentlicher Faktor im internationalen Teehandel geworden. Die Pflanzungen sind durch englische Initiativen entstanden, man produziert also in erster Linie »englisch«, für Mischungen englischer und, um es auf unsere Verhältnisse zu übertragen, ostfriesischer Art. Volle Tees, die dunkel in der Tasse stehen, mit viel Gerbstoffen, die mit Milch getrunken werden sollten. Der Fachmann spricht von Massenware, nur in Kenia sind im Hochland Qualitäten zu finden, die auch als → Gartentee in den Handel kommen. Die Teeanbauländer sind Burundi, Kamerun,

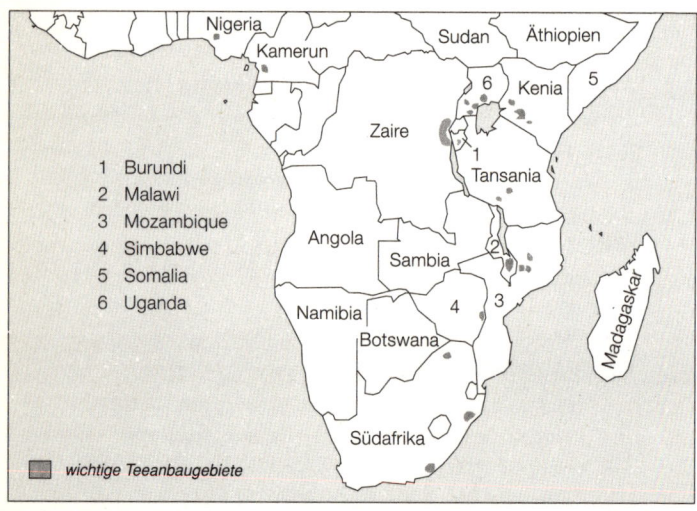

Teeanbaugebiete in Afrika.

130

Kenia, Malawi, Mozambique, Rhodesien (Simbabwe), Ruanda, Tansania, Uganda mit etwa 15 % der Welternte.

Almeida, Luis d', um 1525–1583, portugiesischer Arzt, Jesuitenpater in Japan, gründete Krankenhäuser, schildert erstmals eine Teezeremonie.

Anamalai. Teedistrikt in Südindien. Zu Füßen des höchsten Berges Südindiens wachsen kräftige Tees mit viel Gerbsäure, mit sauberer und kräftiger Tasse. Im Herbst und Winter, also außerhalb der Hauptvegetationsperiode, werden aromatische Tees geerntet. Im Frühjahr und Sommer kräftigere Teesorten, die gern für Mischungen verwendet werden.

Anhwei (Anhui). Chinesische Provinz im Osten, am Unterlauf des Jangtsekiang. Umfaßt auch das → Keemun-Gebiet.

Argentinien. Seit einigen Jahren wird auch in diesem südamerikanischen Land mit modernen Methoden (Maschinenpflückung) und deshalb entsprechend preiswert ein gleichbleibender Teetyp produziert, der von den internationalen Großpackern für ihre Mischungen gern verwendet wird. Ernte: etwa 44 000 Tonnen.

»Ariel«. Berühmter Teeklipper, bekannt aus dem Rennen von 1866.

Aromatisierter (parfümierter) Tee ist keine Erfindung der Neuzeit. In China hat er eine mehr als zweitausendjährige Tradition (da die Chinesen Tee ohne Milch und ohne Zucker trinken, ist ihr Verbrauch an aromatischen und aromatisierten Tees auch heute noch hoch). Am liebsten trinkt man in China Tee mit Rosen- oder Jasminblättern; ebenfalls in der chinesischen Tradition steht der Rauchtee. Araber mischen ihren Tee gern mit frischer Minze. Aromatisiert werden schwarzer wie grüner Tee. Ein Teil der heute vielfältigen Geschmackszugaben wird in Europa erzeugt, beispielsweise Vanille, Lavendel und das Bergamottöl für den berühmten, von den Engländern im viktorianischen Zeitalter eingeführten *Earl*

Grey. Auf dem europäischen Markt unterscheidet man drei Hauptgruppen aromatisierter Tees: Tee mit Fruchtstücken, Schalen oder Ölen, zum Beispiel der schon genannte → Earl Grey mit dem Bergamottöl, Tee mit Blüten oder Blättern, wie Rosentee, Jasmintee, Hibiscustee, Tee mit echten Gewürzen, die meist fein zerkleinert sind, wie Ingwer- oder Vanilletee.

Assam. Teedistrikt in Nordindien beiderseits des Brahmaputra. Größtes zusammenhängendes Teeanbaugebiet der Welt. Die Hochebene mit fruchtbarem Urwaldboden erhält viel vom Monsunwind herbeigetragene Feuchtigkeit. Assamtee ist allgemein schwer und würzig, dunkel in der Tasse (und wird gern mit preiswerteren Teesorten aus jungen Teeländern »gestreckt«). Er ist Hauptbestandteil der klassischen englischen und ostfriesischen Mischungen, die auf hartes Wasser abgestellt sind und mit Milch und Zucker konsumiert werden. Seit dem Erscheinen der jungen Teeländer – insbesondere Afrika – auf dem internationalen Markt wurde er dort aber größtenteils durch billigere Sorten verdrängt. Weniger kräftig, aber vollblumig, ist allein der im Mai in Assam geerntete First flush. Sehr gesucht sind die Second flushes aus der Juni/Juli-Ernte, bevor der große Monsunregen einsetzt.
Die ältesten Teegärten in Assam wurden 1832/33 durch englische Handelsgesellschaften angelegt. 1839 wurde erstmals Assam-Tee in London zur Auktion gegeben.

Assamica. Botanische Gattung des Teestrauchs, in Assam beheimatet. Wesentlich ertragreicher als die *Sinensis* (→ Thea sinensis) und daher heute rein oder in Züchtungen bevorzugt. Ernte p.a. 340 000 Tonnen.

Assam Company. Mit dieser Gesellschaft begann der indische Tee-Anbau.

Assampflanzen. Aus Assam stammende Teebüsche.

Ausbeute. Man rechnet, daß 100 kg frische Teeblätter etwa 23 kg Tee ergeben, gleich ob grün oder schwarz.

Australier sind starke Teetrinker. Hier schlägt das Erbe des britischen Mutterlandes durch. Lieferanten sind in erster Linie Indonesien, dann Sri Lanka (Ceylon). Pro-Kopf-Verbrauch: 1,07 kg.
Neuerdings versucht sich auch Australien als Teeproduzent. Der Tee wird maschinell gepflückt (geschnitten) und im CTC-Verfahren verarbeitet. Qualität ist also nicht zu erwarten.

Autumnal nennt man in Darjeeling und Assam den im Herbst geernteten Tee. Er wird in den wenigen Wochen nach dem sommerlichen Monsunregen und vor Beginn des Winters, also vor dem Ende der Vegetationsperiode geerntet.
Die Qualität des »Herbsttees« ist von Jahr zu Jahr sehr unterschiedlich, je nach dem Witterungsverlauf. Durch das Beenden des jährlichen Wachstums enthalten die Blätter nur wenig Gerbsäure. Das feine Aroma kann sich also voll entwickeln, besonders dann, wenn der Herbst viel Sonnenschein bringt.

Bancha. Grüner »Alltagstee« der Japaner (soweit sie sich noch nicht auf Billigsorten aus Taiwan und China verlegt haben).
Einmalig im Teehandel: Von denselben Teesträuchern werden drei Teesorten geerntet. Im Frühjahr der → *Gyokuro*, zur Haupterntezeit der *Bancha*, im Herbst der → *Sencha*.

Bangladesch. Das Land exportiert im Gegensatz zum großen Nachbarn nur geringe Mengen Tee. Beim Vergleich mit den Gewächsen aus Assam und Sri Lanka (Ceylon) ist die Qualität doch wesentlich geringer.

Bannockburn. Etwa 140 Jahre alter kleiner Teegarten der ersten Kategorie (140 Hektar) nördlich der Stadt Darjeeling. Relativ kleine Ernten hochwertiger Blatt-Tees (75 %), 90 % China-Pflanzen.

Bedford, Herzogin von. »Erfinderin« des Five o'clock Teas.

Bentinck, Lord William (Henry Cavendish, 1774 – 1839), britischer Generalgouverneur in Indien von 1828 – 1835, verbot Witwenverbrennungen, sorgte für die Einführung des Teeanbaus in Assam.

Bestandteile des Tees sind Aromastoffe, Tein (Coffein), Gerbsäuren, Chlorophyll, Fluor, Mineralstoffe, Vitamine.

Bhutan. Kleines Königreich im Himalaja östlich von Darjeeling.

Birma (auch **Burma**). Das heutige Myanmar.

Blatt-Tee. Absiebung der groben Blattpartikelchen nach dem Rösten. Besteht aus Blattspitzen und Blattrippen. Der Aufguß ist leichter und aromatischer als der von Brokentees. Die größten Sortierungen FTGFOP 1, TGFOP 1 und GFOP 1, oder in der nüchternen englischen Terminologie:
Flowery Orange Pekoe = FOP
Orange Pekoe = OP
Blatt-Tees können länger ziehen als die feinen Broken-Tees, ohne bitter zu werden.

Blend, Blending. Englische Bezeichnung für Mischung, für Teemischungen gebräuchlich.

Bodhidarma, sagenhafter buddhistischer Heiliger (Teelegenden → Einleitung).

Bohea. Der Tee aus den Wu-i-Hügeln in der chinesischen Provinz Fukien (Fujian). Diese Sortenbezeichnung wurde in Europa früher für alle Schwarztees benutzt.

Bontekoe, Cornelius (eigentlich Cornelius Decker, 1647–1685), holländischer Chirurg und Naturmediziner. In seiner Vaterstadt wurde er von Ärzten und Apothekern heftig angegriffen, praktizierte aber so erfolgreich, daß der Kurfürst von Brandenburg ihn zu seinem Leibarzt und zum Professor an der Universität Frankfurt/ Oder berief. 1678 erschien das »Tractat van het excellenste kruyd thee«, dann auch »Gebruik en misbruik van de thee«. Er soll täglich 200 Tassen Tee getrunken haben und verordnete seinen Patienten den Genuß von 10 bis 50 Tassen täglich – der Gesundheit halber. Am Sturz von einer Treppe starb Bontekoe schon mit 38 Jahren.

BOP. Abkürzung für den Sortierungsgrad Broken Orange Pekoe.

BOPF. Abkürzung für die in Indien übliche Bezeichnung Broken Orange Pekoe Fannings.

Boston Tea Party. Ausgangspunkt des amerikanischen Unabhängigkeitskrieges. Reaktion erboster Bostoner Kolonialisten auf die geldgierige Teesteuerpolitik der britischen Kolonialregierung. Als Indianer verkleidet, stürmten sie im Jahre 1773 im Bostoner Hafen ein mit Tee beladenes Schiff und warfen die gesamte Ladung ins Wasser. Diese Aktion bildete den Auftakt für den amerikanischen Unabhängigkeitskrieg. Insofern verdanken die mächtigen USA dem harmlosen Tee ihre Existenz.

BP. Abkürzung für den Sortierungsgrad Broken Pekoe.

BPS. Abkürzung für den Sortierungsgrad Broken Pekoe Souchong.

Braganza, Katharina von, soll schon begeisterte Teetrinkerin gewesen sein, als sie 1661 aus Portugal nach England kam, um König Charles II. zu heiraten. Ihr wird ein hoher Einfluß bei der Durchsetzung des Tees in England zugeschrieben.

Brasilien. Wie in allen tropischen und subtropischen Gebieten mit hoher Bevölkerungszahl sind auch in Brasilien im Laufe der Jahrzehnte verschiedentliche Versuche unternommen worden, Tee anzubauen, schon allein um der steigenden Zahl der Unterbeschäftigten Arbeit zu verschaffen.
An geeignetem Land fehlt es nicht, vom 18. Breitengrad bis zum 27. östlich des Rio Paraná, 500 bis 1000 Kilometer bis zur Küste

des Atlantischen Ozeans. Nur das Know-how der Plantagen-
anlage und der Fabrikation fehlte und die fleißigen und ge-
schickten Finger der Inderinnen und Chinesinnen, um der Mono-
kultur des Kaffees in Brasilien Einhalt zu gebieten. Hauptsächlich
japanischen Pflanzern gelang es im Laufe der letzten Jahrzehnte,
in Paraná eine Tee-Industrie aufzubauen. Man hat sich auf die
Herstellung von geringen BOP und Fannings für die internationalen Großpacker konzentriert, also Mengentees mit Gerbsäure
und gutem Aussehen. Die Produktion ist auf fast 10 000 Tonnen
jährlich gestiegen, von denen die Hälfte im Lande verbraucht
wird.

Bread and Butter Teas. Englische Bezeichnung für Regentees
geringer Qualität.

Brisk. Fachausdruck für Qualitätstees mit lebhafter Farbe der
Tasse und → Infusion (Aufguß).

Britisch-Ostindische Kompanie. Die British East India Company,
auch John Company genannt, beherrschte von 1600 bis 1833
den Ostasienhandel.

Broken. Tees, bei denen das Blatt beim Rollen zerkleinert wurde.
Durch die Zerstörung der Pflanzenzellen kann eine besonders
starke Oxydation stattfinden. Broken-Tees sind deshalb ergiebiger
als Blatt-Tees, ziehen schneller und haben eine dunklere Färbung.
Sie stellen den größten Teil der Produktion, was auf die Vorliebe
der Engländer zurückzuführen ist, Tee mit Milch und Zucker zu
trinken.

Broken Orange Pekoe (BOP). Bei herkömmlicher Verarbeitung
der Hauptsortierungsgrad der Kurzblatt-Tees.

Broken Orange Pekoe Fannings (BOPF). Indische Bezeichnung für den besten Fannings. Siehe auch → Sortierung.

Broken Pekoe (BP). Sortierungsgrad für Broken-Tee. Bei der Herstellung nach dem CTC-Verfahren der Hauptsortierungsgrad. Siehe auch → Broken, CTC-Verfahren, Pekoe, Sortierung.

Broken Pekoe Souchong (BPS). Sortierung aus dem gröbsten Blattgut, das durch den Zerkleinerer ging oder geschnitten wurde, da es nicht im Roller die gewünschte Größe erhielt. Dünner Aufguß. Siehe auch → Sortierung.

Bruce, Robert, Amateurbotaniker und Offizier, entdeckte den »Teebaum« in Assam Anfang des letzten Jahrhunderts.

Cachar. Dieser Distrikt in Nordindien liegt zwischen dem heutigen Bangladesch und dem Nagaland – dem Gebiet der Kopfjäger an der Grenze Birmas. Gestartet wurde der Teeanbau in diesem hügeligen Gebiet mit tropischem Klima schon vor 1860. In den alten Kolonialzeiten scheint es ein gutes Geschäft gewesen zu sein, eine Plantage anzulegen und diese möglichst vor dem ersten Ertrag an der Londoner Börse zu verkaufen. Es gab zu Beginn des indischen Teebooms genug Dumme, die für ein Stück Land, das teils Urwald, teils mit kleinen Teebüschen bepflanzt war, genug Geld bezahlten, um den Kolonisten ein sorgenfreies Leben zu ermöglichen. Heute sind in Cachar etwa 30 000 Hektar mit Tee bepflanzt. Insgesamt 113 Plantagen bringen knapp 30 000 Tonnen Tee auf den Markt. Der erzeugte Tee ist von mittlerer Qualität mit kräftiger Tasse.

Cha-Ching siehe → Tscha-King.

Caddy. Behälter zur Aufbewahrung von Tee. Früher in England üblich, heute ein begehrtes Sammelobjekt, da die Kästen mit viel Aufwand und Kunstfertigkeit hergestellt wurden. Ein Caddy enthält meist je einen Metallbehälter für grünen und schwarzen Tee sowie Löffel (Caddyspoon) und Schale zur Herstellung einer eigenen Mischung. Siehe auch → *Lipton.* Der Schlüssel zum Caddy wurde am Bund der Hausfrau verwahrt, um die Dienstboten ob der darin befindlichen Köstlichkeiten nicht in Versuchung zu führen. Von Catty = 1 chinesisches Pfund.

Calcutta siehe → Kalkutta

Camellia assamica und sinensis. Botanischer Name der Arten des Teestrauches (auch → Thea), der zur Familie der Kamelien gehört (Ordnung der Parietalen).

Caper. Eine früher sehr beliebte Teesorte aus China mit BPS-Blatt wie der grüne Gunpowder.

Cardamom-Tea, d. h. mit Kardamom aromatisierter Tee, wird hauptsächlich in Nordindien getrunken.

Carpini, Giovanni del (um 1200–1252), Franziskaner, gründete als erster Niederlassungen seines Ordens in Deutschland, reiste schon im Jahr 1245 in die Mongolei.

Castleton. Teegarten im Süden Darjeelings. Gehört mit 151 Hektar zu den kleineren Betrieben. Die Plantage wird noch nach althergebrachter Weise geführt, verwendet wenig Düngemittel und hat demzufolge kleine Ernten, die zwar keine kräftige, saftige Tasse haben, aber ein feines Aroma. Überwiegend China-Pflanzen. Als Second flush oft absolute Spitzenklasse.

Cathay. Alter Ausdruck für China. Wohl eine Verstümmelung des persischen Kitans. Bei Marco Polo gebräuchlich.

Ceylon (Sri Lanka). Es soll hier – ohne jeden politischen Hintergedanken – bei dem Namen bleiben, den die Insel als englische Kolonie trug, denn *Ceylontee* ist ein Begriff, der nicht von heute auf morgen gegen einen neuen ausgetauscht werden kann.
Als England die Insel 1803 übernahm, dominierte dort der Kaffeeanbau. Er war von mohammedanischen Händlern eingeführt worden. Nun wurde er von englischen Siedlern vervollkommnet, bis

die Pilzkrankheit Hemileia vastatrix um 1870 die Kulturen fast rest-
los vernichtete. Die Pflanzer sahen sich nach neuen Erwerbsquellen
um und fanden die Chinarinde, die wiederum in so großem Umfang angebaut wurde, daß die Preise ins Bodenlose fielen. Da
stellte man fest, daß der Schotte **James Taylor** schon seit Jahren
eine seinen Kollegen bis dahin unbekannte »Diversifikation« betrieben und unter anderem auch Versuche mit Tee unternommen hatte,
so daß er zum Vater des Teeanbaus in Ceylon wurde.
Aus der einstigen Kaffee-Insel ist eine Tee-Insel geworden, deren
Ausfuhr heute nach Indien und vor China die zweitgrößte ist. Auf
knapp 221 000 Hektar Anbaufläche werden 214 000 Tonnen Tee
erzeugt. Das ist mehr als 11 Prozent der Weltproduktion. Hauptabnehmer sind die Golfstaaten, Pakistan, Ägypten, Großbritannien,
der Irak und die Vereinigten Staaten von Amerika.

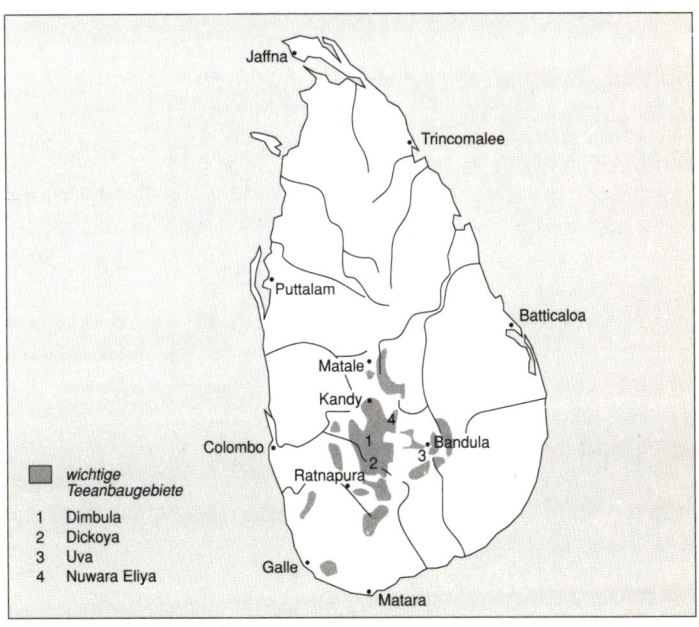

Teeanbaugebiete in Ceylon (Sri Lanka)

Unter den vielen Ceylontees dominieren solche mit intensiver Farbe und kräftigem Geschmack. Darüber hinaus ist nach den verschiedenen Anbaugebieten und nach der Jahreszeit, in der die Ernte erfolgte, zu unterscheiden, denn Ceylon liegt im Gebiet der Monsunwinde und hat ausgeprägte Jahreszeiten, in denen das Pflückgut unterschiedliches Aroma hat. Die Teeanbaugebiete liegen in Höhen zwischen 300 und 2500 Metern. Die wichtigsten Anbaugebiete sind **Uva** (im Osten), **Dimbula** (im Westen) und **Nuwara Eliya** im zentralen Hochland. Dagegen fallen die Qualitäten aus dem Gebiet um die Stadt Kandy ab.

Cha-Do. Der »Tee-Weg« im Zen-Buddhismus (siehe auch *Chanoyu*).

Chanoyu. Die japanische Teezeremonie als die höchste und vollendetste Form, Tee – in diesem Fall grünen, schaumig geschlagenen Pulvertee – zu sich zu nehmen.

Charlton, Andrew. Konkurrierte mit Robert Bruce um das Recht an der Entdeckung der → Camellia assamica.

China. Heimat der Teekultur. Seit die Engländer in Indien, auf Ceylon und später auch in Ostafrika Teeplantagen anlegten, gibt es das chinesische Monopol nicht mehr. Vielmehr erstaunt, daß China unter den Tee-Exporteuren hinter Indien und Ceylon heute auf Platz 3 liegt.
Nach neuesten verfügbaren Zahlen produziert die Volksrepublik China auf 1 045 000 Hektar Anbaufläche 540 000 Tonnen Tee. Das sind rund 22 Prozent der Welternte. Exportiert werden allerdings nur wenig mehr als 74 000 t.
Der chinesische Tee zeichnet sich ganz allgemein durch sein feines Aroma aus. In China trinkt man bevorzugt Grüntee. Der Tee wird meist ohne Zucker und Milch genossen, deshalb sind aromatische und aromatisierte Tees beliebt.

Chinapflanzen. Aus Chinasamen gezüchtete Teebüsche.

Chingwo. Schwarzteedistrikt in Mittelchina.

Chintechen. Chinesische Stadt, berühmt für ihre Keramik/Porzellan → Teegeschirr.

Chittagong. Teeanbaugebiet und Hafen in Bangladesch.

Chop nennt man die Tee-Ernte. First chop: die erste Lieferung nach Beginn der Vegetationsperiode. Heute ersetzt durch das Wort → Invoice.

Chung Hao. Chinesischer Grüntee, der nur selten und in kleinen Mengen exportiert wird. »Kaiserlicher« Tee, der mit Jasminblüten aromatisiert ist.

Chun mee. Chinesische Teesorte: leicht bitterer Grüntee.

Cinnamon-Tee. Schwarzer Tee mit dem Aroma von Madagaskar-Zimt.

Cisaruni. Plantage in Java, die spritzig-fruchtigen Schwarztee herstellt.

Clean. Englische Bezeichnung für ein »sauberes« Aroma des Tees ohne jeden Beigeschmack.

Coarse Plucking. Grobe Pflückung, bei der mehr als drei Blätter geerntet werden.

Cochin. Alte Teehandels- und Auktionsstadt in Südindien.

Coffein siehe → Tein.

Co-Hong. Chinesische Kaufleute in Kanton, die früher mit Europäern Ein- und Ausfuhrgeschäfte tätigen durften.

Colombo, Cristoforo, gen. Columbus (1451–1506), italienischer Seefahrer, entdeckte Amerika und starb in der Überzeugung, Ostasien erreicht zu haben.

Compradore. Aus dem Portugiesischen: der chinesische Einkäufer europäischer Firmen früherer Zeiten.

Congou. »Arbeitsreicher« Tee. Allgemeine Bezeichnung für gewöhnlichen Schwarztee in China.

Crop. Ernte, Ertrag einer Plantage.

Covilhao, Pedro, de (um 1447 – um 1521), portugiesischer Indienfahrer.

CTC-Tee. Wird nach einer neuen Methode mit hohem Mechanisierungsgrad hergestellt. Die Abkürzung bedeutet: Crushing-Tearing-Curling. Die frischen Blätter werden vor dem Rollen von Walzen, die mit Dornen besetzt sind, zerrissen. Dadurch werden die Zellen gründlicher und schneller zerstört als bei der orthodoxen Teeherstellung. Nun wird nur einmal gerollt. Die Oxydation ist stärker, der Tee wird dadurch ergiebiger, zieht schneller und hat eine intensivere Färbung.CTC-Tees gibt es nur in Broken-Sortierungen. In Assam beträgt der CTC-Anteil inzwischen 86 %.

Cutter zerschneidet grobe Teeblätter nach dem Aussieben der feinen Sortierungen. Siehe → Sortierung.

»Cutty-Sark«. Teeklipper, der heute noch in Greenwich zu besichtigen ist.

D. Abkürzung für Dust. Siehe auch → Sortierung.

Darjeeling. Teedistrikt im Norden Indiens in den Vorbergen des Himalaya. Hier werden Spitzenqualitäten erzeugt. Fachleute bezeichnen die »Darjeelings« als die besten Tees überhaupt, ihres lieblichen Aromas wegen.
Die besonders günstigen Voraussetzungen für Teeanbau sind durch die Höhenlage und die durch den Monsun erzeugten klimatischen Verhältnisse bedingt. Der Ort Darjeeling war seines ge-

sunden Klimas wegen Erholungsort (»Hillstation«) der englischen Militärs und Beamten in Indien. Bis 1816 hatte es zu Sikkim gehört. In den 40er Jahren des 19. Jahrhunderts begann man den Teeanbau mit aus China importiertem Pflanzgut. Zu den ersten Pflanzern gehörten deutsche Missionare der Goßner-Mission. Mit dem Anschluß des Berglandes an das indische Straßen- und Eisenbahnnetz (Darjeeling-Bahn) wurde Darjeeling schnell eines der wichtigsten Anbaugebiete für Tee:

1860	39 Gärten, 10 000 Acres
	(1 Acre = 4046,85 qm
	433 000 pound Tee
	(1 pound = 453,5 g)
1870	56 Gärten, 11 000 Acres
	11 700 000 pound Tee
1874	113 Gärten, 18 888 Acres
	3 928 000 pound Tee

Heute ist Darjeeling mit 18 000 Hektar Anbaufläche und 12 000 Tonnen Tee von den Massentee erzeugenden Anbaugebieten längst überrundet worden. Aber Darjeeling-Tee ist in jedem Fall etwas Besonderes. Nicht nur das Klima, auch die Tradition von Managern und Arbeitern, die besondere Sorgfalt bei Anbau und Verarbeitung heben ihn aus der Masse des Angebots heraus.
Tee aus Darjeeling wird oft unvermischt als Gartentee angeboten. Er ist empfindlich gegen hartes Wasser; sein blumiges Aroma kann sich darin nur schwer entfalten.
Wichtige Gärten, die erwähnt werden sollten:
Bannockburn, Castleton, Gielle, Lingia, Makaibari, Risheehat, Soom, Steinthal, Teesta Valley, Tukdah, Tukvar – die Gärten sind nach der Qualität ihrer Produkte in drei Kategorien eingestuft.

Darrang. Teedistrikt in Assam.

Deckelbecher. Altüberkommene Form, in China noch heute gebräuchlich. Praktisch zum Aufgießen kleiner Mengen. Man legt zum Trinken den Deckel schräg auf und schlürft den Tee von den Blättern. Der Deckel verhindert auch eine allzuschnelle Abkühlung des Tees. Nach chinesischer Tradition wird Wasser nachgegossen, bis die Teeblätter ausgelaugt sind.

Deshima. Früher portugiesischer, später holländischer Handelsstützpunkt in Japan in der Bucht von Nagasaki.

Deutschland. Es gab in Deutschland schon seit dem 17. Jahrhundert ein sehr starkes »Teegefälle«, das allerdings wie überall in der Welt nivelliert wurde. Tradition hat Tee in erster Linie in Ostfriesland, wo man sich den niederländischen und englischen Teebräuchen angeschlossen hat. Von der Nordseeküste bis in die Alpenregion – abfallend nach Süden – wurde früher fast ausschließlich China-Tee eingeführt. Durch den Einfluß der Besatzungsmächte und Hilfslieferungen setzte sich nach dem Zweiten Weltkrieg deutlich die englisch/amerikanische Geschmacksrichtung (wie die Zigaretten) im ganzen Westen Deutschlands durch. Man konsumierte also weitgehend »Englische Mischungen« mit höherem Gerbsäuregehalt, ließ dabei allerdings die Milch fort. Diese Entwicklung scheint rückläufig zu sein. Der westdeutsche Verbraucher macht mehr als je zuvor von einem differenzierten Angebot Gebrauch.

Dhool. Hindiwort für Menge, feiner Tee. In der Teeproduktion heute die Teemenge, die bei einem Rollvorgang entsteht.

Diaz, Bartolomeo (um 1450–1500), Portugiese, umsegelte als erster die Südspitze Afrikas, die er *Cabo tormentoso*, stürmisches Kap, nannte (= Kap der Guten Hoffnung).

Dibrugah. Teedistrikt in Assam.

Dickoya. Teedistrikt in Sri Lanka (Ceylon), Dimbula benachbart. Mit ähnlichen Anbauverhältnissen und vergleichbarer Produktion.

Dimbula. Teedistrikt auf Ceylon (Sri Lanka). Die besten Tees gibt es während der Trockenperiode, die hier an der Westküste der Insel im März ist. Tee aus Dimbula und dem benachbarten Distrikt Dickoya ist stark aromatisch, kräftig und herb.

Dooars. Teegebiet in Nordindien.

Dum Duma. Teedistrikt in Assam.

Dust (deutsch = Staub). Kleinste Aussiebung bei der Sortierung des Tees. Teebeutel-Qualität, sehr ergiebig.

Earl Grey. Schwarzer Tee, der mit Bergamottöl aromatisiert ist. Das Öl wird aus der Schale der Bergamotte, einer sauren Zitrusfrucht, gepreßt. Erfindung der Engländer im viktorianischen Zeitalter.

Early morning tea. Das ist die Tasse Tee, die ein traditionsbewußter Engländer jeden Morgen, möglichst vor dem Aufstehen, trinkt. Da sich nicht jeder einen Butler leisten kann, bietet der Handel Tee-Automaten an, die wecken, am Abend eingefülltes Wasser erhitzen und nach Wunsch das Radio anschalten. Early morning tea wurde den Gästen besserer Hotels nicht nur auf den britischen Inseln, sondern auch in den Dominion-Ländern (der Verwaltung nach selbständiges Land des Britischen Reiches, jetzt Commonwealth) bis vor wenigen Jahren beim Wecken serviert. Heute nur noch in glücklichen Ausnahmefällen.

Earthy. Erdiger Beigeschmack des Tees.

East India Company, eigentlich British East India Company, gegründet 1600, übte lange das Monopol für den Teehandel mit China aus, E.I.C. abgekürzt.

Eisai, japanischer Mönch (1141–1215), brachte 1191 den Tee aus China nach Japan.

Eison, japanischer Mönch, machte das Teetrinken zum Kult.

Eistee. Keine Teesorte, sondern eine in den USA erfundene Zubereitung. Wer im Sommer zur Erfrischung kühlen Tee trinken will, soll extra starken Tee auf Eiswürfel gießen, ihn, wie der Fachmann sagt, »schocken«. So ist er gleich zum Genuß bereit. Wichtiger aber ist, daß derart geschockter Tee im Gegensatz zu dem auf natürlichem Wege abgekühlten Aufguß nicht schal schmeckt.

Elevenses. Teepause am Vormittag, um 11 Uhr. Sie gehört zu den Pausen, die das Leben in England gemütlich machen, nach Ansicht der Ökonomen aber die britische Wirtschaft ruinieren.

Elfürtje. Die gleiche Teepause, nur in Ostfriesland.

England. Hier gehört der Tee zum täglichen Leben wie in keinem anderen Land Europas. Engländer, mit den Iren Weltmeister im Teetrinken, verbrauchen – auch Säuglinge und Greise eingerechnet – durchschnittlich 2,74 kg Tee im Jahr.
Sie bevorzugen kräftige, herbe Sorten, da Milch und Zucker unverzichtbare Zutaten sind. Englische Mischungen sind deshalb ursprünglich und in gehobenen Preisklassen noch immer Kompositionen aus Assam- und Ceylontees, die Engländer selbst haben sich beim Einkauf weitgehend auf die jungen Teeländer in Afrika verlegt. Von den jährlich eingeführten rund 180 000 Tonnen stammt etwa die Hälfte aus Afrika, nur noch ein Drittel aus Indien. Den Engländern haben wir es zu verdanken, daß der Tee heute über fast alle Erdteile verbreitet ist. Sie wollten nicht auf das politisch unstabile China angewiesen sein und bemühten sich deshalb um Teeanbau in ihren Kolonien, wobei sie die Plantagentechnik einführten.
Das viktorianische Zeitalter kannte die Muße der »Teatime« und des »Five o'clock teas«. Das Zeitalter des Wettbewerbs brachte das Ende des altmodischen, provinziellen Teashops und Großhändlers mit vielen Teesorten, die zum jeweiligen Wasser paßten, und des kleinen Krämerlädchens, wo man Tee im Hinterraum

mischte und packte. Nach jahrzehntelangen Wettbewerbskämpfen beherrschen heute vier bis fünf Großfirmen den englischen Markt. Getrunken wird letztlich eine Standardsorte mit folgenden Eigenschaften: billig, kräftig, schnell Extrakt ergebend. Die feinen Tees aus Darjeeling, Assam, China, Ceylon gehen in alle Welt – nur kaum nach England.

Für den englischen Markt werden Kleinblattmischungen nach modernsten Erkenntnissen angebaut und verarbeitet. Sie kommen aus Kenia, Tansania, Malawi, Mozambique und anderen, nicht traditionellen Teeländern. Man hat keine Zeit und ist bequem, daher setzt sich der Teebeutel auch immer mehr durch. Tee schmeckt jedoch in England nicht schlecht. Der Aufguß wird mit Sorgfalt gemacht, was wichtig ist, und die frische englische Milch tut ein übriges.

Enzyme. Fermente als Katalysatoren für Veränderungen innerhalb der Blattzellen.

Erkältungskrankheiten werden erfolgreich mit Tee bekämpft. Ein bewährtes Hausmittel ist ein kräftiger Teeaufguß mit Honig und heißer Milch. Fünf Tassen am Tag mit je drei Eßlöffeln Milch und einem Eßlöffel Honig soll der Patient zu sich nehmen.

Erträge des Teebusches sind je nach Klima sehr unterschiedlich. In Höhenlagen wächst Tee nur langsam, hat zum Ausgleich dazu aber mehr und feineres Aroma.

Als Beispiel die Zahlen aus drei indischen Teedistrikten:

Darjeeling	633 kg pro Hektar
Terai	1458 kg pro Hektar
Dooars	1694 kg pro Hektar

In Darjeeling werden sechstausend → »Schüsse« (beim First flush neuntausend!) für 1 kg fertigen Tee benötigt, in Assam nur dreitausend. Ein Teebusch erbringt zwischen 40 und 200 g Tee pro Jahr bei etwa fünffacher Pflückmenge.

Eskimos gehören zu den größten Teetrinkern unserer Erde.

Estates nennt man in Sri Lanka (Ceylon) die Teeplantagen.

Färbung des Tees ist kein Merkmal der Qualität, sagt auch nichts über seine »Stärke«, das heißt den Anteil von Geschmacksstoffen, Gerbsäure und Tein aus.
Sie hängt vielmehr vom Grad der Oxydation beim Fermentieren ab. So färben Tees kleinerer Sortierungen – wie Broken, Fannings und Dust – intensiver als Blatt-Tees, sie färben auch schneller, ohne deshalb mehr Geschmacksstoffe abzugeben. Künstliche, gesundheitsgefährdende Färbung war früher für grünen Tee an der Tagesordnung (man färbte in China nur den Tee für den Export), dieses findet seit hundert Jahren aber nicht mehr statt.

Fannings. Tees, die aus kleinen Blatt-Teilen bestehen. Zweitkleinste Sortierung. Diese Aussiebung wird in erster Linie für Aufgußbeutel verwendet. Die kleinen Teile geben dem Wasser eine große Angriffsfläche, der Tee ist ergiebig und zieht schnell.

FBOP 1. Abkürzungen für die in Indien übliche Bezeichnung Flowery Broken Orange Pekoe 1. Ohne die Ziffer 1 international gebräuchlich. Siehe → Sortierung.

Fermentation, die »Edelfäule« des Schwarztees. Die Fermentation ist der wichtigste Arbeitsgang bei der Herstellung des schwarzen Tees. Bezeichnung für den Oxidations- und Gärungsvorgang des beim Rollen austretenden Zellsaftes. Die Fermentation dauert etwa zwei bis drei Stunden, während der das grüne Teeblatt die später nach dem Aufguß wiederzufindende kupferrote Farbe annimmt. Die Qualität unseres Tees hängt entscheidend von der sorgfältigen, im richtigen Moment einsetzenden und zu beendenden Fermentation ab, für die ein Fermentationsmeister = (Teemaker) die Verantwortung trägt.

FGBOP. Abkürzung für die in Indien übliche Bezeichnung Flowery Golden Broken Orange Pekoe. Siehe → Sortierung.

Fine plucking. Ernte von zwei kleinen Blättern mit einer Blattspitze.

Fine Tippy Golden Flowery Orange Pekoe 1 (FTGFOP1). In Indien übliche Bezeichnung für die erste Qualität der Sortierung. Mit einem hohen Anteil feinster Knospen (Spitzen) mit geringem Gerbsäuregehalt. Siehe → Sortierung.

Firing (Feuern) ist der englische Fachausdruck für das Trocknen der Teeblätter nach der Fermentation.

First flush. Ein Begriff, der aus Nordindien kommt. Er bezeichnet den ersten Trieb des Tees zu Beginn des Jahres. Die besten Qualitäten kommen per Luftfracht nach Europa. Im März beginnt an den Abhängen des Himalaya die Ernte. Die ersten Tees, für die nur die zarten hellgrünen Blattspitzen gepflückt werden, zeichnen sich durch besonders blumiges und spritziges Aroma aus.
Durch das langsame Wachstum zu Beginn der Vegetationsperiode und die intensive Sonneneinstrahlung während dieser Zeit bekommen die »First flushes« ein Höchstmaß von frischem Flavour, das dem Tee durch extra schnellen Transport erhalten bleiben soll. »First flushes« gießen hell ab, haben aber eine unvergleichbare Frische und einen köstlichen Geschmack.

Five o'clock tea → Tea time. Teepause am Nachmittag.

Flavour. Bezeichnung für angenehm entfaltetes Aroma, besonders bei Hochlandtees. Das Aroma eines guten Tees wird durch den Gehalt an natürlichen ätherischen Ölen bestimmt. Entstehung, Zusammensetzung und auch Anzahl dieser Flavoursubstanzen sind wenig erforscht und mit Sicherheit von der Herkunft, dem Boden und der Pflanzenart abhängig.

Flowery. Die Bezeichnung besagt, daß es sich um einen hochwertigen Tee handelt: Das jüngste Blatt der geernteten Triebe war »im Aufblühen«.

Flowery Broken Orange Pekoe 1 (FBOP 1). Erste Sortierung des Broken-Tees nach der in Indien üblichen Bezeichnung.

Flowery Golden Broken Orange Pekoe (FGBOP). Indische Bezeichnung für eine Sortierung von Broken-Tee.

Flowery Orange Pekoe (FOP). Englische Bezeichnung für groben Blattgrad einer Produktion. Mit dünner Tasse. Siehe auch Sortierung.

Fluff. Gelbliche, leicht hygroskopische Substanz, die durch Druck und Reibung bei der Teebearbeitung entsteht. Reiner Tee in Staubform, der leicht klumpt und Flocken bildet.

Fluor, das den Zahnschmelz härtet, ist in kleinen Mengen im Tee enthalten.

Flush. Teetrieb, Schößling → Schuß, First Flush, Second flush.

Foochow (Futschou). Tee-Verladehafen am Minkiang in der südchinesischen Provinz Fukien. Abgangsort der Tee-Klipper nach dem Opiumkrieg.

FOP. Abkürzung für Flowery Orange Pekoe.

Formosa, »die Wunderschöne«, siehe → Taiwan.

Forrest, Denys, englischer Tee-Schriftsteller.

Friesen gelten ganz allgemein als tüchtige Teetrinker, also auch West- und Nordfriesen. Das muß vermerkt werden, da im deutschen Sprachgebrauch immer wieder und fast ausschließlich Ostfriesen mit dem Tee in Verbindung gebracht werden (Ostfriesische Mischung, Ostfriesische Rose u.a.m.).

Frühstückstee. Unter diesem Namen werden kräftige, meist gegen hartes Wasser unempfindliche Teemischungen angeboten.

Ceylon- und Assamtees oder ähnliche Produkte junger Teeländer bilden die Grundlage.

FTGFOP 1. Abkürzung für die in Indien übliche Bezeichnung Fine Tippy Golden Flowery Orange Pekoe 1.

Fukien (Fujian). Alte chinesische Provinz um Foochow. Im Gebirge wachsen Tees von besonderem Flavour und speziellem Geschmack. Gute → Oolongs.

Fungizide. Stoffe zum Abtöten von Schmarotzerpilzen auf Kulturpflanzen.

Futschou siehe Foochow.

Gama, Vasco da (1469–1524), portugiesischer Indienfahrer und erster Vizekönig Indiens.

Garway, Thomas (auch Garraway), Teehändler in London, schon bevor die portugiesische Prinzessin Katharina von Braganza den Tee an der Themse in Mode brachte. Wie fremd damals der Tee den Briten noch war, beweist das Flugblatt des Mister Garway, das – in einem einzigen Exemplar erhalten – ausführlich den »Anbau, die Eigenschaften und die Vorzüge des Teeblatts« schildert.
Garways Kaffeehaus, in dem er seit etwa 1657 auch Tee ausschenkte, lag an der Exchange Alley. Nicht weit davon etablierte sich 1658 ein anderer Tee-Ausschank im Kaffeehaus »Sultan's Head« an der Royal Exchange, wie durch eine knappe Anzeige in der Wochenzeitschrift »Mercurius Politicus« überliefert ist.

Gartentee werden Teesorten genannt, die aus einem bestimmten Garten stammen und unter Angabe der Herkunft angeboten werden. Unverfälschte Natur also, bei der man Boden und Klima durchschmecken kann. Gartentees, die im Bergland (z. B. Darjeeling) geerntet wurden, geben dem Teefreund eine unendliche

Skala von Geschmackserlebnissen nach Standort, Jahrgang und Jahreszeit der Pflückung.

Gerbsäure (Tannin). Wesentlicher Bestandteil des Tees. Knospen und Blattspitzen enthalten weniger, die folgenden Blätter mehr Gerbsäure. Durch Fermentation wird ihr Charakter verändert – schwarzer Tee hat also einen höheren Anteil an oxydierten Gerbsäuren und weniger nicht oxydierte Gerbsäure als grüner. Wegen des bitteren Geschmacks wird der Anteil der nicht oxydierten Gerbsäure möglichst gering gehalten bzw. herabgesetzt. Jedoch empfiehlt der Mediziner stark gerbsäurehaltigen, also grünen Tee wegen seiner beruhigenden Wirkung auf Magen und Darm.

GFOP 1. Abkürzung für die in Indien übliche Bezeichnung Golden Flowery Orange Pekoe 1.

Gielle. Teegarten im Osten Darjeelings. 224 Hektar. Hochwertige Blatt-Tees, vorwiegend von Chinapflanzen.

Ginger-Tee. Schwarztee mit einem Aroma von Ingwer. Bei guten Mischungen durch Stücke getrockneten Ingwers erzeugt.

Gladstone, William Ewart, englischer Politiker (1809–1898).

Golden als Zusatz im Namen eines Tees besagt, daß helle Spitzen mit geringem Gerbsäuregehalt darin sind.

Golden Flowery Orange Pekoe 1 (GFOP1). Indische Bezeichnung für die dritte Sortierung von Blatt-Tee.

Goldspitzen siehe → Tippy.

Golden Tips. Teespitzen, an deren feinen Härchen beim Trocknen Saft karamelisiert. Die Farbe schwankt zwischen Goldgelb und Kupfergold, je nach Herkunft und Erntezeit. Golden Tips bezeugen eine sorgfältige Verarbeitung, besagen aber nichts über die Tassenqualität.

Grof. Holländische Bezeichnung für »groben« Tee, zum Beispiel BOP. In Indonesien üblich, als Überbleibsel aus der Kolonialzeit.

Grüntee oder grüner Tee ist nicht fermentierter Tee. Er hat noch alle Gerbstoffe und ist deshalb herber als schwarzer Tee.
Aller Tee war ursprünglich Grüntee, in Ostasien (China, Japan, Taiwan) wird auch heute noch hauptsächlich grüner Tee getrunken. Bei uns kommt er wieder in Mode.
Grüner Tee verlangt weiches Wasser, damit er sein feines Aroma voll entfalten kann.
Nicht mit kochendem, sondern nur mit heißem Wasser aufgießen; verschiedene Sorten sollen nur kurze Zeit ziehen.
Grünem Tee werden besondere Wirkungen zugeschrieben. Bestimmte mohammedanische Sekten schreiben ihren Mitgliedern ausdrücklich den Genuß grünen statt schwarzen Tees vor, weil ihnen die Religion den Verzehr aller fermentierten Nahrungsmittel verbietet.
Auch in Europa wurde zunächst grüner Tee bevorzugt. Er galt als der feinere. So kaufte man in England grünen Tee für die Herrschaften, schwarzen für das Personal. Die Kampagnen gegen den Tee, der angeblich gesundheitsschädlich wäre, richteten sich in erster Linie gegen den grünen Tee und taten ihm tatsächlich schweren Abbruch, so daß es in England gar keinen grünen Tee mehr gibt. Tatsächlich wurde früher grüner Tee mit Farbstoffen behandelt, damit der Aufguß eine angenehmere Färbung bekam.

Grusinien siehe → **GUS**

Gunpowder. Grüner Tee aus chinesischer Produktion. Kugelförmig gerollt, erhielt er deshalb vor langer Zeit von englischen Händlern seinen Namen, der Schießpulver bedeutet. Gunpowder hat eine milde, helle Tasse.

Gurgeln mit Tee wird als Hausmittel bei Angina empfohlen.

GUS-Tee wird in Grusinien angebaut. Die Südhänge des Kaukasus tragen über 90 Prozent der Ernte. Es ist das am weitesten im Norden gelegene Teeanbaugebiet der Welt. Angebaut werden besonders ertragreiche und widerstandsfähige Sorten, die auch stärkere Fröste (bis minus 13 Grad Celsius) vertragen. In den GUS-Staaten werden in größerem Maße Pflückmaschinen eingesetzt, wodurch nach Ansicht westlicher Fachleute in jedem Fall die Qualität des Pflückgutes leidet. Die Teesorten aus den GUS-Staaten genießen keinen guten Ruf, ihre Preise sind aber günstig. Die etwa 140 000 Tonnen Tee, die in den südlichen Republiken der GUS-Staaten hergestellt werden, können den Durst des Landes nicht löschen. Deshalb werden größere Einfuhren getätigt, vorwiegend aus Nordindien.

Gyokuro, »Perlentau«. Echte japanische Grünteesorte (da einfache Tees aus Indien und Taiwan nach Japan exportiert werden, ist darauf hinzuweisen). Wächst im Bezirk Shizuoka an den Hängen des Fudschijama. Gyokuro ist der bei der ersten Ernte, Anfang Mai, gepflückte Tee, feinster Spitzentee, der für besondere Anlässe reserviert bleibt.

Hammitzsch, Horst (geb. 1909), Japanologe und Autor u. a. des Buches Cha-Do. Der »Tee-Weg« ist eine vorzügliche Einführung in den Geist der japanischen Lehre vom Tee.

Handelskompanien wurden von den europäischen Staaten seit dem 16. Jahrhundert mit Monopolen und anderen Privilegien gefördert. So konnten die Ostindischen Kompanien nicht nur ihre Schiffe bewaffnen, sondern auch in den damals entdeckten überseeischen Gebieten befestigte Niederlassungen einrichten, Münz- und Gerichtshoheit und damit alle Funktionen eines eigenen Staates ausüben.
Die Mitglieder betrieben das Geschäft anfangs auf eigene Rechnung, später mit Kapitaleinlagen, entsprechend denen die Gewinne verteilt wurden, ähnlich wie in einer modernen Aktiengesellschaft.

Die wichtigste aller Handelskompanien wurde die Britisch-Ostindische Kompanie (East India Company, 1600–1833). Die Holländisch Ostindische Kompanie wurde 1602 gegründet, Frankreich folgte mit ähnlichen Gründungen erst 1664, Österreich 1731, Preußen gründete nach einer Afrikanischen Kompanie erst 1745 auch eine Asiatische Kompanie.

Hanway, Jonas englischer Schriftsteller, veröffentlichte 1756 einen polemischen »Essay on Tea«.

Hearn, Lafcadio (1850–1904). Journalist, Schriftsteller und ein »Entdecker Japans« griechisch-irischer Herkunft.

Heine, Heinrich (1797–1856), widmete den → »ästhetischen Tees« einen spöttischen Vierzeiler.

Herbsttee siehe → Autumnal.

Herrentee. Bezeichnung für bestimmte hochwertige Tees aus Indien und Ceylon (Sri Lanka). Ist besonders kräftig und steht dunkel in der Tasse.

Highgrown. Ceylontee aus den Hochlagen über 1300 Meter.

High Range. Teedistrikt in Südindien. Dieser Tee steht den überdurchschnittlichen Schwarztees aus Nilgiri kaum nach.

High tea. Der Tee am Abend ist gewöhnlich der Höhepunkt englischen Familienlebens.
Man trifft sich nach Arbeit und Schule am Familientisch – die einzige Stunde, in der die Familie vollständig beisammen ist. Dazu gibt es einen Imbiß oder eine Mahlzeit.

Hochland. Sammelbezeichnung für die Teedistrikte in den Gebirgen Ceylons (Sri Lankas). Also Dickoya, Dimbula, Nuwara Eliya und Uva. Wie überall in Bergregionen aromatischer Tee von besonderer Qualität.

Holländisch-Ostindische Kompanie = V.O.C. siehe → Handels-kompanien.

Hong. Niederlassung von Kaufleuten in China.

Horniman, John, Inhaber eines Lebensmittelladens auf der Insel Wight, soll als erster die Idee gehabt haben, Tee in Packungen ab-zufüllen und diesen als Markenartikel gleichbleibender Qualität zu verkaufen. Er wurde damit Vorläufer so berühmter Marketing-Pioniere wie Lipton und Densham.

Hybriden. Kreuzungen aus China- und Assampflanzen.

Hyson. Diese hochgeschätzte Grünteeart kommt ursprünglich aus Kingnan, aus der Nähe der Städte Hien Ning und Moognen. Dort soll nach der chinesischen Überlieferung der erste Tee geerntet worden sein. Man habe, so heißt es, die wilden Büsche aus den Bergen in die Ebene – an die Ränder der Felder – verpflanzt und gedüngt. In der Sung-Zeit (10.–12. Jh.) nannte man den hier geernteten Tee »Singlo«, nach einem Hügel oder Berg, an dem der Tee wuchs. Und ein Kräuterbuch aus dem Jahre 1688 berich-tet, seine Farbe sei bläulich-grün, und er sei von sehr spritzigem Flavour. »Man sagt, daß Singlo auch mit Chulanblüten getrocknet wird, was das Aroma erhöht. Jedoch ist dieses Aroma nicht so gut wie natürliches.« Zu seinem heutigen Namen kam der Tee, weil ein Teehändler während der Herrschaft von Chan Hee (K'ang-hsi, 1661–1722) die beiden Schriftzeichen »Hee« und »Chun« als Fir-menzeichen wählte. Bald danach wurde jeder Tee dieser Art als Hyson bezeichnet, ganz gleich ob er vom Berg Singlo kam oder aus einer anderen Gegend.

Ihsing-Ton. Benannt nach der gleichnamigen Stadt am Yangtse-kiang. Feuerfeste Keramik aus China. Teedosen und Teegeschirr, oft mit feinen Reliefs und bemalt, seit Jahrhunderten bekannt und auch heute noch im Handel. Die Produktion erfolgt noch manuell. Die knapp tausend Arbeiter formen kaum 10 000 Stücke am Tag, was dem einzelnen Stück Individualität und Wert verleiht. Die besondere Tonerde, die in Tiefen bis zu 600 Meter gefunden wird, hat die Eigenschaft, schon an der Luft zu trocknen. Ihsing-Ton hat besonders feine Scherben. Die Keramik wird braun, rötlich oder violett, ohne Glasur und mit Glasur angeboten. Siehe auch → Seladon.

Indien. Größter Teeproduzent. Doch kann man nicht vom indischen Tee sprechen, da die Voraussetzungen in den einzelnen Teedistrikten sehr unterschiedlich sind. Demzufolge auch die Produkte. Die ersten Teepflanzen kamen nach vorausgegangenen fehlgeschlagenen Versuchen mit Samen aus China nach Indien. Im Jahre 1900 produzierte man 89 000 Tonnen Tee und exportierte davon 87 000 Tonnen. Die heutige Produktion besteht zum größten Teil aus schwarzem Tee, zum geringeren aus Grüntee. Dieser wird in erster Linie für Japan hergestellt, das einfachere Sorten zur Ergänzung der eigenen Produktion aufkauft, sowie für die islamischen Staaten von Pakistan bis Nordafrika (Grüntee). Größte Abnehmer sind (in der Reihenfolge der Aufzählung) GUS, Großbritannien, Ägypten, die arabischen Golf-Staaten, Polen, der Sudan und der Iran.

Man unterscheidet Nordindien und Südindien wie folgt:

Anbaugebiet	Anbaufläche Hektar	Produktion Tonnen
Nordindien, gesamt	322 000	517 000
davon:		
Assam	180 000	320 000
Cachar	33 000	33 000
Darjeeling	20 000	13 000
Terai	12 000	22 000
Dooars	65 000	123 000
Südindien	74 000	140 000
Indien gesamt	384 000	651 000

Der Export betrug 204 000 Tonnen.

Der Erfolg Indiens auf dem internationalen Markt ist darauf zurückzuführen, daß man auf den speziell englischen Geschmack, die Forderung nach kräftigem Schwarztee für hartes Wasser, einging.

Indonesien. Tee wird auf Java (seit 1826) und Sumatra angebaut. Es wird ganzjährig gepflückt, doch sind die Verhältnisse auf den beiden Inseln unterschiedlich. Java hat im Winter Regenzeit, und wenn diese endet (jenseits des Äquators im August/September), wird der beste Tee gepflückt. Sumatra, direkt unter dem Äquator, hat ein ausgeglicheneres Klima, so daß die Jahreszeit kaum eine Rolle spielt. Indonesien-Tees sind stark und dunkel in der Art der Assam-Tees und werden gern mit diesen gemischt. Es werden gut 135 000 Tonnen Tee jährlich produziert, von denen 71 000 zum Export kommen. Hauptabnehmer sind die USA (14 500 t), Pakistan (26 000 t), Ägypten (12 800 t).

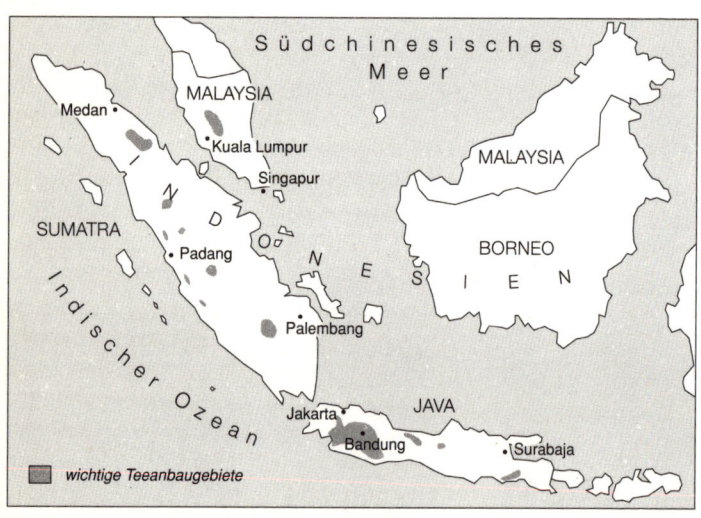

Teeanbaugebiete in Indonesien und Malaysia.

Infusion. Fachausdruck für den Aufguß, siehe auch → Teeprüfung.

Invoice = Rechnung. Ausdruck, der für eine individuelle Teepartie gebräuchlich ist.

Irak. Mit mehr als zwei Kilogramm pro Kopf und Jahr gehört der Irak zu den größten Teeverbrauchern. Man trinkt überwiegend Tee aus Sri Lanka (Ceylon).

Iran. Der Teeanbau erfolgt ausschließlich für den Eigenbedarf; der Menge und Qualität nach ist er für den internationalen Handel nicht von Interesse. Soweit er hier und da angeboten und von Teefreunden auch gekauft wird, geschieht das nur aus Neugierde. Nach letzten verfügbaren Zahlen werden mit 30 000 Hektar Anbaufläche etwa 24 000 Tonnen Tee hergestellt. Da der Eigenverbrauch doppelt so hoch ist (etwa ein Kilogramm pro Kopf und Jahr), werden weitere rund 20 000 t importiert, zur Hälfte jeweils aus Indien und Sri Lanka (Ceylon).

Iren, das ist kaum bekannt, sind noch vor den Engländern Weltmeister im Teetrinken. Die letzten erreichbaren Zahlen: Irland pro Kopf und Jahr 3,09 Kilogramm, Großbritannien und Nordirland 2,74 Kilogramm pro Kopf und Jahr.

Jahreszeiten haben in bestimmten Teeanbaugebieten einen großen Einfluß auf die Qualität des Tees, nämlich in solchen, in denen das Klima während des Jahres größeren Änderungen unterworfen ist. Typisch dafür sind die Bergregionen Nordindiens mit ihren Monsunregen. Man spricht dort von dem zu Beginn der Vegetationsperiode gepflückten First flush und Second flush, von Herbsttee (Autumnal) und Regentee.

Japan. Der Tee kam aus China zwischen dem 6. und 8. Jahrhundert ins Land – im Gepäck buddhistischer Mönche. Ein Volksgetränk wurde er erst im 14. Jahrhundert. Die erste wissenschaftliche Beschreibung des Tees stammt nicht aus China, sondern aus Japan, von dem Deutschen Engelbrecht Kaempfer aus Lemgo (1651–1716), der das damals Ausländern sonst nicht zugängliche Land beschrieb. Die Tee-Zeremonie war zu diesem Zeitpunkt schon seit Jahrhunderten Bestandteil japanischer Kultur.

Ursprünglich nur als Produzent grünen Tees bekannt, stellt Japan seit der Öffnung des Landes im Jahre 1854 auch schwarzen Tee her. Zunächst nur für die Ausfuhr, seit dem Zweiten Weltkrieg, parallel mit der Übernahme westlicher – in erste Linie US-amerikanischer – Lebensformen, auch für den eigenen Bedarf. Obwohl der Kaffee im Vormarsch ist, verbraucht man doch noch pro Kopf und Jahr etwa 1 Kilogramm Tee (zum Vergleich: Bundesrepublik Deutschland 220 Gramm). Auf gut 60 000 Hektar werden (mit hohem Hektar-Ertrag) rund 190 000 Tonnen Tee erzeugt. Da der Eigenverbrauch höher liegt und geringe Mengen von Spezialitäten exportiert werden, tritt Japan sowohl für billigere Grünteesorten als auch für Schwarztee in Darjeeling, Taiwan, China und Sri Lanka (Ceylon) als Käufer auf.

Die Jugend bereitet Tee mit dem Aufgußbeutel, die Tee-Zeremonie ist zu einem gesellschaftlichen Ereignis geworden.

Jasmintee, mit Jasminblüten aromatisierter grüner oder leicht fermentierter Tee, wird überall in China getrunken. Man liebt diesen Geschmack, weil Tee in China ohne Milch und Zucker getrunken wird. Siehe auch → Chung Hao und → Scented Poochong.

Java → Indonesien.

John Company. Scherzhafte Bezeichnung für die britische East India Company (Britisch-Ostindische Kompanie).

Johnson, Samuel (1709–1784), englischer Schriftsteller, berichtete, daß er zwanzig bis dreißig Tassen Tee täglich trank. In seiner berühmten Erwiderung auf Hanways Polemik gegen den Tee charakterisierte er sich als einen »eingefleischten und unverfrorenen Teetrinker, der zwanzig Jahre lang seine Mahlzeiten nur mit dem

Aufguß dieses faszinierenden Blattes verdünnt hat; dessen Kessel kaum Zeit hat, abzukühlen; der sich mit Tee den Abend angenehm macht, sich mit Tee um Mitternacht tröstet und mit Tee den Morgen begrüßt.

Kaempfer, Engelbrecht. Siehe → Japan.

Kaffeehaus, Coffee House, in London schon im Jahre 1652 dokumentiert. Der Name wurde beibehalten, auch als die Engländer dem Tee den Vorzug vor Kaffee gaben. Um 1700 soll es nach zeitgenössischen Berichten die phantastische Zahl von 3000 Kaffeehäusern gegeben haben.

Kalkutta. Zentrum des internationalen Teehandels. In Kalkuttas Botanischem Garten wurden erstmals Versuche zur Aufzucht von Teesamen außerhalb Chinas unternommen; von hier aus nahm die indische Plantagenwirtschaft ihren Anfang. Kalkutta war die Hauptstadt Britisch-Indiens bis 1911.

Kaltwettertee wird besonders hoch geschätzt. Er kommt aus Anbaugebieten, in denen das ganze Jahr hindurch gepflückt wird, zum Beispiel Ceylon und Südindien. Auch dort gibt es den Wechsel der Jahreszeiten, jedoch in der Nähe des Äquators nur mit geringeren Auswirkungen auf das Wachstum als in den gemäßigten Zonen.
Während des Winters (Januar, Februar) wird also Tee geerntet, der langsam gewachsen und deshalb von besonders intensivem Aroma ist.

Kanada. Ihre Verbundenheit zu England drücken Kanadier auch durch hohen Teekonsum aus. Man verbraucht 530 Gramm pro Kopf und Jahr (zum Vergleich: England 2,74 kg, die USA 260 g, Bundesrepublik Deutschland 220 g). Hauptlieferanten sind Sri Lanka (Ceylon) und Ostafrika, bedeutend ist auch die Menge, die über den traditionellen Teehandelsplatz London geht.

Kanton. Südchinesische Hafenstadt. Hier wickelte sich bis weit in das 19. Jahrhundert der gesamte chinesische Außenhandel ab. Chinesischer Tee war also nur über Kanton zu bekommen.
Heute ist die Situation wieder ähnlich. Auf der Kanton-Messe wird der chinesische Tee-Export abgewickelt.

Karawanentee. Der Name signalisiert beste Qualität. Als er eingeführt wurde, ließ – allgemein zugegeben und bedauert – der mit dem Schiff aus Ostasien nach Europa transportierte Tee an Qualität zu wünschen übrig. Die hölzernen Schiffsrümpfe mit ihren ungelüfteten Laderäumen waren feucht und voller dumpfer Luft. Das übertrug sich auf den Tee, der in London in bedauernswertem Zustand ankam. Obwohl die Kapitäne unten in den Rumpf zuerst als Ballast chinesisches Porzellan, dann Tee minderer Sorten und ganz obenauf die besten Sorten luden, konnte das Übel nicht beseitigt werden, war man doch monatelang auf dem Meer.
Diesen Widrigkeiten war der Tee, der auf dem Rücken von Kamelen (und anderen Tragtieren) von China durch Innerasien transportiert wurde, nicht ausgesetzt. Dafür war er – dem Aufwand gemäß – teurer. Karawanentee wurde »über Rußland« gehandelt. Siehe auch → Rußland, GUS.

Kardamom. Indisches Gewürz → Cardamom-Tee.

Karibik. Aromatisierter Tee dieser Geschmacksrichtung enthält Maracuja- und Mandelaroma.

Kassiablüten. Blüten vom chinesischen Zimtbaum. Werden zum Aromatisieren des → Kueihua verwendet.

Kayu Aro. Größte Teeplantage der Welt auf Sumatra (Indonesien). Anbaufläche: 2250 Hektar, Jahresproduktion: 4500 Tonnen Tee.

Keemun. Früher war der Keemunbezirk in der chinesischen Provinz Anhui reiner Grünteelieferant von guten Qualitäten. Erst seit

Mitte des letzten Jahrhunderts wurde von Hankau aus die Herstellung des schwarzen Tees in dieser Provinz entwickelt. Sehr schnell entdeckten neben den vornehmen Kreisen in Peking die Engländer, daß der Keemun-Tee besondere Qualität hat und sich ideal zum Frühstück eignet.

In den letzten Jahrzehnten ist der Teeanbau und die Herstellung im Keemungebiet noch auffallend verbessert worden. Die erste Pflückung der noch kleinen Triebe zum Frühjahr wird mit außerordentlicher Akkuratesse durchgeführt. Es gibt wohl kaum einen anderen Tee auf der Welt, der eine derart gleichmäßige Blattgröße hat. Nicht einmal die ersten Pflückungen der Plantagen in Darjeeling, die noch reine oder fast reine Chinapflanzen haben, erreichen die Feinheit des Keemun-Blattes.

Keemun Chuen Ch'a ist der besonders weich-delikate Frühlingstee. Echter Keemun aus Anhui war im vorigen Jahrhundert der feinste Tee, der »Darjeeling« Chinas. Er wird auch heute von Kennern wegen seines Aromas und der besonderen Weichheit und Zartheit seines Aufgußes gern getrunken.

Keemun hat wenig Gerbsäure und Tein und ist daher für Magenempfindliche sehr bekömmlich. Man trinke ihn am besten ohne Sahne und Zucker, so kommt die zarte Feinheit dieses Tees hervorragend zur Wirkung.

Kenia. Unter den jungen Teeländern Afrikas ist Kenia führend; Tee aus Kenia hat in England, dem größten Markt für Tee, steigende Bedeutung.

Das hat zwei Gründe: Da die Plantagen erst in den letzten Jahrzehnten angelegt wurden, konnten modernste Erkenntnisse angewendet werden. Das bedeutet wissenschaftlich ausgewähltes Pflanzmaterial (ein auf englische Wünsche zugeschnittenes Erzeugnis mit hohem Gerbstoffgehalt, da der Engländer seinen Tee mit Milch trinkt) und höchstentwickelte Technik der Herstellung. Zweitens haben Teepflanzer in Kenia den Vorteil, daß ihre Pflanzungen in nächster Nähe des Äquators auf einer Hochebene liegen. Darum ist das ganze Jahr hindurch eine fast gleichmäßige Ernte möglich, und damit sind die Produk-

tionskosten nur etwa halb so hoch wie in Indien. Auf knapp 85 000 Hektar Anbaufläche werden 185 000 Tonnen Tee erzeugt.
Neben kräftigen Massentees für die Englische und die Ostfriesische Mischung liefert Kenia auch aromareiche Gartentees.

Kinder können, ja sollen Tee trinken, da er Vitamin B enthält. Allerdings sollte Tee für Kinder nur halb so stark sein wie der für Erwachsene.

Kintuk. Schwarztee aus China.

Klone. Gruppen von erbgleichen Pflanzen, die durch vegetative Vermehrung aus einem Einzelwesen hervorgegangen sind.

Koffein = Tein.

Konfuzius (eigentlich Kung-(fu-)tse um 551 – um 479 v. Chr.), wandernder Philosoph.

Kublai Khan (1215–1294), mongolischer Groß-Kahn zur Zeit Marco Polos.

Kueihua. Chinesischer → Oolong, der mit den Blüten des chinesischen Zimtbaumes (Kassiablüten) aromatisiert wurde.

Kurzblatt-Tee. Deutsch für Broken.

Kwangsi (Guangxi). Provinz in Südchina. Tee-Anbaugebiet.

Lakhimpur. Teedistrikt in Assam.

Lapsang Souchong. Grober chinesischer Tee mit Rauchcharakter.

Lavendeltee. Mit Lavendel (getrockneten Blüten oder Öl) aromatisierter Tee, eine französische Spezialität.

Leadenhall Street. Straße in London, früherer Sitz der East India Company.

Leibniz, Gottfried Wilhelm (1646–1716), Philosoph, Mathematiker, Rechtsgelehrter, Politiker, Theologe, Physiker, Geschichts- und Sprachforscher, war am geistigen Austausch mit China interessiert, plante die Berufung chinesischer Gelehrter nach Europa.

Linné, Carl von (1707–1778), schwedischer Arzt und Botaniker, benannte die chinesische Teepflanze als Camellia Thea, verwandt mit der Kamelie – die auch Thea japonica heißt. Wie so oft in der Teegeschichte, ist auch hier ein Jesuit im Spiel: Die Camellia hat ihren Namen von dem Jesuiten Camelli.

Liselotte von der Pfalz (1652–1722), Schwägerin Ludwigs XIV., die durch ihre ungeschminkte Schilderung des Hoflebens in Versailles in die Geschichte einging, lernte den Tee dort kennen und schrieb: »Thee kombt mir vor wie Heu und Mist, mon Dieu, wie kann sowas Bitteres und Stinkendes erfreuen?«

Lingia. Teegarten erster Kategorie im Westen Darjeelings an der Grenze zu Nepal. 134 Hektar, 98 Prozent Chinapflanzen. Ein Spitzengarten mit vergleichsweise geringer Erntemenge.

Lipton, Thomas (Tommy), Gründer einer Teehandels-Dynastie. Schon als junger Einzelhändler mit Lebensmitteln hatte er den Wert der Reklame erkannt. 1888 entdeckte er den Tee zur Erweiterung seines Warensortiments. Thomas Lipton brachte die noch neue Methode, Mischungen abzupacken und unter dem Namen des Importeurs als »Markenartikel« zu verkaufen, zum Durchbruch. Vorher hatte man Tee wie Salz und Zucker aus einem großen Gebinde beim Einzelhändler in der Tüte abgewogen, und Kenner stellten sich ihre eigene Mischung zu Hause her. Fortan konnte der Kunde mit einer gleichbleibenden Qualität rechnen. Siehe auch → Horniman.

Lok-on-Tee. Chinesischer Schwarztee aus der Provinz Yünnan, mit eigenartigem Geschmack. Man schreibt ihm besondere Wirkungen zu: Er soll fette Speisen leichter verdaulich machen und für eine schlanke Linie sorgen. Lok-on-Tee wird gepreßt im runden Bambuskörbchen angeboten.

Lotustee. Mit Lotusblüten aromatisierter feiner chinesischer Schwarztee.

Low grown. Ceylontee aus den niedrigen Höhenlagen (vom Meeresspiegel bis 650 Meter.)

Lu Shan Wu. Einer der traditionellen chinesischen Grüntees aus den Bergregionen um Nanchang in der Provinz Kwangsi (Guangxi). Gröberer Blatt-Tee. Die besten Blätter kommen von den oft mit Wolken verhangenen Bergspitzen. Ausreichende Feuchtigkeit, fruchtbarer Boden und in der Höhe intensive Sonnenbestrahlung sind die Voraussetzungen für hervorragende Qualität. Smaragdgrüner Aufguß.

Lu-Yu (740–804), chinesischer Dichter und Apostel des Tees, schrieb um 780 das klassische Teebuch »Tscha-King«.

Macao. Portugiesischer Handelsplatz, erste europäische Niederlassung in China.

Magellan, eigentlich Magalhaes, Fernao (um 1480–1521), portugiesischer Seefahrer.

Makaibari. Teegarten im Süden Darjeelings. Kategorie 2, mit 273 Hektar. Der Garten in Darjeeling mit Neuanpflanzungen wissenschaftlich gezüchteter Hybriden.

Malabar. Bekannter Teegarten auf Java (Indonesien).

Malawi. Eines der jungen ostafrikanischen Teeländer, bekannt für Massentees im Stile der Ceylon-Tees. Auf rund 18 000 Hektar werden etwa 36 000 Tonnen Tee jährlich erzeugt. Die koloniale Vergangenheit ist auch ein Stück Teegeschichte. 1878 experimentierte Mr. Duncan, ein Gärtner der schottischen Mission, in Malawi ergebnislos mit dem Anbau von Tee aus Samen des Botanischen Gartens Edinburgh. Aus einem zweiten, ebenfalls erfolglos verlaufenen Versuch steht heute noch auf dem Gelände der Mission in Blantyre ein Teebusch. Erst etwa zwanzig Jahre später konnte ein Pflanzer aus Ceylon die ersten Plantagen anlegen (die Bodenbeschaffenheit im Mulanje-Gebiet ähnelt der auf Ceylon).

Malaysia. Hier wird rund um den Kalender Tee gepflückt. Vorwiegend auf Kleinplantagen, die von Chinesen angelegt sind und bewirtschaftet werden. Meist handelt es sich um Massenware – mild, leicht und billig –, die in Mischungen verwendet und gern zur Preisreduzierung teurer Assamtees benutzt wird.
Der meiste Tee wird im Lande getrunken. Auf knapp 3000 Hektar Anbaufläche werden 4500 Tonnen Tee im Jahresdurchschnitt erzeugt.

Manipur. Indischer Staat (seit 1972) im Grenzgebirge gegen Birma.

Maracuja-Tee wird mit der lieblichen Passionsfrucht aromatisiert.

Markentee. Mischungen, die unter dem Namen eines Importeurs oder Händlers, mit der Angabe eines Herkunftsgebietes oder mit einer Phantasiebezeichnung in den Handel kommen. Durch Mischung verschiedener Tees, wird eine immer gleichbleibende Geschmacksrichtung garantiert.
Im Gegensatz dazu sind »unverblendete« Gartentees in jedem Jahr und sogar in den verschiedenen Jahreszeiten anders.

Matcha. Japanischer Grüntee, pulverisiert. Wird für die japanische Teezeremonie verwendet.

Melange. Holländische Bezeichnung für Mischung.

Midgrown. Ceylontee aus mittleren Höhenlagen (650 bis 1300 Meter).

Mincing Lane. Straße in der Londoner City, in der sich nach 1833 der Teehandel konzentrierte. Die alte Mincing Lane ging in den Bombennächten des Zweiten Weltkrieges unter. Heute liegen die Teelagerhäuser und die Geschäftsgebäude der Teepacker nicht mehr im Stadtinnern.

Seit den Tagen der East India Company war aller Tee zwischen London Bridge und Tower Bridge entladen und eingelagert, versteigert und bearbeitet worden, in einem Kreis von zwei Meilen Radius um Leadenhall Street und die Mincing Lane mit dem »Plantation House«, in dem die öffentlichen Versteigerungen stattfanden.

Mischungen sind tatsächlich die einzige Möglichkeit, geschmacklich gleichbleibenden Tee über einen längeren Zeitraum anzubieten, da Qualität und Aroma des Tees vieler Anbaugebiete je nach Klima des Jahres wie beim Wein immer unterschiedlich sind, auch wenn vom gleichen Standort, ja vom gleichen Strauch gepflückt wird. Mit der Mischung hat der Handel auch die Möglichkeit, auf die Vorlieben besonderer Verbrauchergruppen einzugehen und die besonderen örtlichen Verhältnisse (z. B. hartes Wasser) zu berücksichtigen.

Zur Mischung gehört zuerst die Teeprüfung durch den Tea taster.

Montmartre. Aromatisierter Tee mit »grünem« Apfelgeschmack und einem Aroma von Anis.

Mudis. Stadt im südindischen Teedistrikt Anamalai. Rund um den Ort liegt eine Reihe von Plantagen, die den Namen Mudi im Namen tragen, zum Beispiel »Thoni Mudi«. Es handelt sich um größere, gut geführte Betriebe, die kräftige Tees gehobener Qualität erzeugen.

Muffins. Kleine Kuchen aus Hefeteig, die in England gern zum Tee gereicht werden (siehe Seiten 74/75).

Nagasaki. Hafenstadt in Japan.

Nara. Stadt in Japan, östlich von Osaka; war von 710–784 die Hauptstadt von Japan.

Nepal. An den Hängen des Himalaya wird mit Hilfe der indischen Regierung und der UNESCO Tee angebaut, um der Bevölkerung Arbeit zu geben und den Wohlstand des Landes zu heben. Vorerst sind die Mengen so gering, daß ein Export kaum infrage kommt. Die Höhenlage läßt aromareiche Tees in der Art des Darjeelings entstehen, die mit dessen Qualität allerdings nicht zu vergleichen sind.

Neuguinea. Eines der jungen Teeländer, die für englische Mischungen geeignete Kurzblatt-Tees mit kräftiger Tasse anbauen. Der jungfräuliche Boden im Hochland läßt bei idealen klimatischen Bedingungen Tee von beachtenswerter Qualität reifen.

Nieuhof, Johan (oder Neuhof), Chinareisender, Autor der vielgelesenen und -übersetzten »Gesandtschaft der Ost-Indischen Gesellschaft«, Amsterdam 1669, mit einer sorgfältigen Beschreibung des Teeanbaus in China.

Nilgiri. Teedistrikt im Südindischen Bergland. Die Teegärten ziehen sich bis auf eine Höhe von 2000 Metern hin.
Nilgiritee ist meist fein-spritzig. Besonders geschätzt wird der in den Monaten Januar bis März geerntete → Kaltwettertee.

Nonsuch. Leistungsfähiger Teegarten in Südindien. An besonders begünstigter Stelle in den Nilgiri-Bergen, nördlich von → Cochin, durch Fruchtbarkeit des Bodens, Feuchtigkeit und Wärme für den Teeanbau gut geeignet. Die Tees dieser Region sind braun im Blatt, zart in der Tasse, aber mit viel Aroma.

Nordindien. Hier gibt es eine ganze Reihe von Teeanbaugebieten. Die wichtigsten sind Darjeeling, Assam, Dooars, Terai.
Insgesamt umfaßt das Gebiet etwa 322 000 Hektar Anbaufläche, auf denen rund 517 000 Tonnen Tee produziert werden, das ist etwa ein gutes Viertel der Weltproduktion.
Die Qualitäten sind höchst unterschiedlich, was am Beispiel Darjeeling und Assam zu belegen ist, so daß man von einem nordindischen oder gar indischen Teetyp nicht sprechen kann.
Siehe auch → Indien.

Nurelia. Abweichender aber gebräuchlicher Name für den Teedistrikt Nuwara-Eliya in Sri Lanka (Ceylon).

Nuwara-Eliya. Teedistrikt im Hochland von Ceylon (Sri Lanka); der Name bedeutet »Über den Wolken«. Bekannt für seine ausgezeichneten Qualitäten.

OF. Abkürzung für Orange Fannings.

Off grades ist der englische Ausdruck für Blattgrade, die außerhalb des üblichen liegen. Siehe → Blatt-Tee und → Sortierung.

Okakura, Kakuzo (1862–1913), Sohn einer Samurai-Familie. Nach Studien der chinesischen und der englischen Sprache und Kultur wurde Okakura Sekretär des Erziehungsministers, reiste mit einer Kommission zum Studium der westlichen Kunst nach Europa und kam zur Einsicht, daß Japan auf dem Punkt war, die eigenen Werte aufzugeben und zu opfern. Mitgründer der Nippon Bijutsu zur Erneuerung japanischer Malerei, Lack- und Metallkunst. Auf Kakuzo Okakuras Initiative wurden zahlreiche japanische Kunstdenkmäler zum »Staatsschatz« erklärt.
Von seinen Büchern (»Die Ideale des Ostens, Das Erwachen Japans«) ist das 1906 erschienene »Buch vom Tee« am weitesten in aller Welt verbreitet, ein Zeugnis fernöstlicher Lebenskunst, das bis heute nichts von seiner Frische, Zartheit und Tiefe verloren hat.

Bild oben: Garten »Soom« in Darjeeling. Der erste Tag der Fühjahrsernte. »Two leaves and a bud« sind kaum fingernagelgroß.

Bild links: Indonesische Erntearbeiter vor der Qualitätskontrolle des Pflückgutes.

Plantage »Mijicajan« in Assam. Nach der maschinellen Sortierung wird der Spitzen-Blattgrad TGFOP nochmals von Hand verlesen.

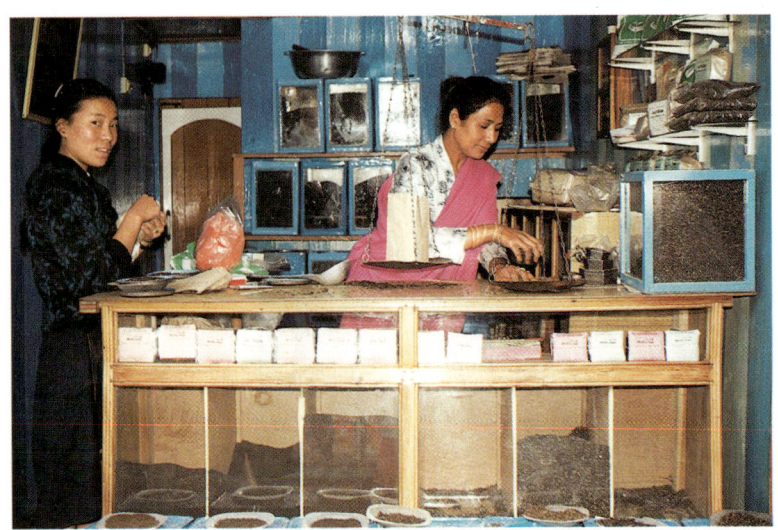

Teeshop in Darjeeling.

Oolong. Halb fermentierter Tee meist aus China oder Taiwan. Man empfiehlt ihn für den Nachmittag.

OP. Abkürzung für Orange Pekoe.

Opium. Spielte als Gegenwert für Tee im Chinahandel vor 150 Jahren eine große Rolle.

Orange in der Bezeichnung eines Tees hat nichts mit Apfelsinen, also mit aromatisiertem Tee zu tun. Vielmehr geht es hier um das Haus Oranien, das niederländische Königshaus. Orange ist also mit »königlicher Tee« zu übersetzen.
Orange Pekoe ist eine Qualität aus dünnen, gedrehten Blattrippen mit hohem Anteil an aromatischen Ölen und wenig Gerbsäure. Siehe → Sortierung.

Orange Fannings. Sortierungsgrad, Qualität für Teebeutel. Siehe auch → Fannings, Orange, Sortierung.

Orange Pekoe (OP). Englische Bezeichnung für die zweite Güteklasse des Tees. Siehe auch → Orange und Sortierung.

Orchid Tea. Ein aromatisierter feiner Schwarztee mit Orchideenblüten von der Aglaia Odorata. Herb-würziger Geschmack. Wird auch Spiced Tea genannt.

Ostfriesen haben von allen deutschen Stämmen das beste Verhältnis zum Tee. Sie lernten das Getränk frühzeitig von ihren Nachbarn, den Holländern, kennen und schätzen. Die von ihnen bevorzugte »Ostfriesische Mischung« besteht ursprünglich aus kräftigen Assam-Tees, denen hartes Wasser nichts anhaben kann. Mehr und mehr setzt sich aber auch dort Tee aus den jungen – insbesondere ostafrikanischen – Teeländern durch. Zur Ostfriesischen Teestunde gehören Sahne mit dem oft reich verzierten silbernen Sahnelöffel und grober Kandis, der mit dem »Kluntjeknieper« in die Tasse gebracht wird. Da man die Sahne vom Löffel gleiten läßt und nicht umrührt, wird der Tee, sobald das Knacken des Kandis verklungen ist, vorsichtig »dreistöckig« getrunken, und zwar immer aus kleinen Tassen von $\frac{1}{8}$ l Inhalt.

Ostindische Kompanien. Siehe → Handelskompanien.

Oxidation. Verbindung und Abbau durch Sauerstoff.

P. Abkürzung für Pekoe. Siehe auch → Sortierung.

Panfired bedeutet, daß der Tee nach alter Art in der Pfanne auf dem Feuer geröstet wurde. Siehe auch → Teeherstellung.

Parfümierter Tee. Siehe auch → Aromatisierter Tee.

PD. Abkürzung für den Sortierungsgrad Pekoe Dust.

Peach Tea. Oolong und schwarzer Tee, aromatisiert mit dem Geruch und Geschmack von Pfirsich.

Pekko, Pekoe. Man spricht auch von Pekko-Blüten, meint aber damit keine Blüten im botanischen Sinne, sondern die allerjüngsten Sprößlinge der Teepflanze, deren weißschimmernder Flaum auch nach der Bearbeitung dem Tee eine weiße bis silbergraue Farbe gibt. Der Ausdruck Pekko/Pekoe leitet sich vom chinesischen »Pak-ho« ab, was soviel bedeutet wie »feiner Flaum« (etwa die Haare eines Neugeborenen) oder »weiße Daunen«. Manchmal wird diese Teeart auch »Milchhaar« genannt.

Pekoe. Blattgrad, im ursprünglichen Sinne der Bezeichnung »das dritte Blatt«, also eine Pflückung der Triebspitzen mit drei Blättern (demnach inklusive Fischblatt!). Siehe auch → Sortierung.

Pekoe Dust. Kleinster Sortierungsgrad. Siehe auch → Sortierung und Dust.

Pekoe Fannings. Kleiner Sortierungsgrad (zweitkleinster nach Dust). Siehe auch → Sortierung und Fannings.

Pekoe Souchong (PS). Gröbste Blattsortierung, früher viertes bis sechstes Blatt. Dünner Abguß mit viel → Gerbsäure. Siehe auch → Sortierung.

Persien siehe → Iran.

Peru. Jährlich werden etwa 3000 Tonnen Tee erzeugt. 70% davon im Gebiet von Cuzco, dem Quallabamatal. Die Teeproduktion liegt im wesentlichen bei drei Genossenschaftszentralen, die nach der Agrarreform von 1968 die Privatbetriebe übernahmen. Die Ernte erfolgt ganzjährig. In der sommerlichen Trockenheit sind die Erträge geringer. Es wird vorwiegend → BOP angeboten.

PF. Abkürzung für Pekoe Fannings.

Pflückmaschine. Experten sind sich einig, daß gleichmäßiges Pflückgut als Grundlage eines hochwertigen Tees allein mit der Hand gepflückt werden kann. Trotzdem finden solche Maschinen für Massentees Verwendung. In den GUS-Staaten wurde die Pflückmaschine »Sakartwelo« entwickelt, die über eine Reihe von Teebüschen hinwegfährt und dabei alle über ein bestimmtes Profil herausgewachsenen Triebe erntet.

Pflückung. Es ist für den Tee wichtig, wie groß die jungen Triebe gepflückt werden. Je feiner die Pflückung, je kleiner also die gepflückte Triebspitze, desto höher ist die Qualität des Tees.
Die alte Regel lautet »Two leaves and the bud« (Zwei Blätter und die Knospe). Das ergibt eine gute Standardqualität. Erstklassige Tees enthalten oft nur die Knospe und ein Blatt (besonders feine Chinatees nur die Blattspitze). Mehr als zwei Blatt und Spitze wird als grobe Pflückung bezeichnet. Man spricht von fine plucking (feine Pflückung) und coarse plucking (grobe Pflückung).

Pi Lo Chun. Grüntee aus China, feiner → Blatt-Tee. Schon während der Sung-Dynastie wurde dieser Tee unter den Geschenken an den Kaiser aufgeführt. Später, in der Tsing-Dynastie, gab Kaiser K'ang-hsi diesem Tee den Ehrennamen Pi Lo Chun, der drei Eigenschaften nennt: Die silbrig grüne Farbe der nur wenige Tage alten Triebe, die Spiralform des Blattes und das Frühjahr als Erntezeit, das der Grund für Zartheit und Aromafülle ist. Pi Lo Chun wird in den pittoresken Bergen der Provinz Kwangsi (Guangxi) angebaut.

Pineapple-Tee. Mit Ananas aromatisierter Tee.

Pingsuey. Chinesischer Tee »für alle Tage« aus dem Hauptanbaugebiet am Jangtsekiang. Im Geschmack angenehm kräftig, dabei nicht zu bitter.

Plantagenkistchen werden Gebinde genannt, in denen der Tee vom Teegarten ohne Umpacken zum Verbraucher gelangt.

Polo, Marco (1254–1324), gab nach über zwanzigjährigem Aufenthalt in Fernost seinen Zeitgenossen einen erregenden Bericht über China unter der mongolischen Herrschaft Kublai Khans, teilte darin aber nichts über Tee mit.

Polypot nennt man die Plastikbeutel, in denen aus Samen oder Stecklingen junge Teesträucher gezogen werden.

PS. Abkürzung von → Pekoe Souchong.

Pu Erh Beeng Cha. Gepreßter chinesischer Schwarztee, von dem man seit tausend Jahren glaubt, daß er schlank mache und die Verdauung schwerer Speisen besonders gut fördere. Der Pu-Erh-Tee wird in Süd-Yünnan hergestellt, wo bereits seit 1700 Jahren Tee wächst. Pu-Erh ist eine Stadt, wo dieser Tee produziert wird. In den wilden Wäldern dieses Gebietes findet man Teebäume, der größte bekannte steht im Nanyu-Forst im Menghai-Gebirge und wird von den Einwohnern »Königsteebaum« genannt. Er ist etwa 800 Jahre alt.

Quing. Grünliche Glasur, siehe → Seladon.

Ramusio, Giovanni Battista (1485-1557), italienischer Gelehrter und Reisender, berichtete 1559 erstmals für europäische Leser ausführlich über Tee.

Rauchtee. Chinesischer Tee, der durch Verwendung besonders harzreicher Hölzer beim Rösten einen rauchartigen Geschmack erhält. Siehe auch → Aromatisierter Tee.

Regentee. Die in Nordindien während der Monsunregen, also in den Monaten August bis Oktober, geernteten Tees. Oft etwas »langweilig« mit dünner Tasse. Auf den Regentee folgt der Herbsttee (→ Autumnal).

Reine Sorten. Ungemischte Tees von einer Plantage oder aus einem Anbaugebiet.

Reischauer, Edwin O., amerikanischer Gelehrter und Diplomat, der viel über Japan und die Teezeremonie schrieb.

Ricci, Matteo (1552-1610). Jesuit, Missionar in China.

Rikyu, Sen (1522-1591), japanischer Teemeister.

Risheehat. Teegarten östlich Darjeeling, der auf die Familie des deutschen Missionars Stölcke, einem der Väter des Teeanbaus in Darjeeling zurückgeht. Erste Kategorie, 323 Hektar. Im Vergleich niedrige Erntemengen und 70 Prozent Blatt-Tees, was auf erstklassige Qualitäten schließen läßt.

Rösten nennt man das Trocknen des Blattgutes als Abschluß der Bearbeitung. Da das Rösten früher in Pfannen auf offenem Feuer erfolgte (→ Panfired), hat sich diese Bezeichnung wie auch der Ausdruck »Feuern« erhalten.

Rollen ist ein Arbeitsvorgang bei der Teeherstellung, bei dem die Zellen der gewelkten Blätter aufgebrochen werden, um sie mit dem Sauerstoff der Luft in Verbindung zu bringen und so die Fermentation einzuleiten. Die Teeblätter werden bei dieser Gelegenheit kugel- oder stiftförmig zusammengerollt.

Russischer Tee. So bezeichnete man lange Zeit Tee, der aus Ostasien auf den Rücken von Tragetieren, also auf dem Landweg durch Innerasien transportiert wurde und Mitteleuropa über russische Zwischenhändler erreichte. Die »Russische Mischung« wurde zum Qualitätsbegriff (sie wird auch heute noch angeboten für eine aromareiche kräftige Mischung ost- und südasiatischer Tees, von europäischen Teekennern komponiert.
Siehe auch → Karawanentee und GUS.

Ruggiere, Michele (1543–1607), Rechtsgelehrter, Jesuit, Missionar in China seit 1583, schrieb einen ins Chinesische übersetzten Katechismus.

Rußland. Vor Beginn des modernen Teeanbaus in den südlichen Republiken der heutigen GUS-Staaten (1884) hatte das alte Rußland eine lange Tee-Tradition, aufbauend auf den Lieferungen aus China, die Rußland auf dem Landwege nach Mittel- und Westeuropa durchquerten. Russische Teetradition ist untrennbar verbunden mit dem Samowar und den Straßenhändlern. Man trinkt Tee gern mit etwas Konfitüre dazu.

Samowar. Rußlands wichtigster Beitrag zur Teekultur ist ein Kessel, in dem das Trinkwasser erhitzt wird. Ein Symbol von Geborgenheit und geselligem Teegenuß. Beheizt wird ein Samowar mit Holzkohle, der Ausguß ist mit einem Zapfhahn verschließbar. Auf den Mittelschacht kann eine Kanne mit Tee-Extrakt gestellt werden. In den GUS-Staaten, der Türkei und im Iran wird der Samowar noch viel verwendet.

Scented Poochong. Kaum fermentierter chinesischer Tee, der bei der Trocknung durch Jasminblüten sein besonderes Aroma erhält.

Schattentee. Wird nur in Japan erzeugt. Die Pflanzen befinden sich unter einem Sonnenschutz aus Bambus. Dadurch entsteht ein besonders feines Aroma.

Schuß. Teetrieb, Pflanzenschößling → Flush.

Schwarzer Tee, Schwarztee. Fermentierter Tee. Gegenüber grünem, nicht fermentiertem Tee hat sich der schwarze Tee bei den Teetrinkern in den meisten Ländern der Welt durchgesetzt, außer in Ostasien. Siehe auch → Grüntee.

Sechung Oolong. Ein chinesischer halbfermentierter Tee aus dem Distrikt Amoy. Der Sechung Oolong hat ein natürliches – nicht zugesetztes – pfirsichartiges Aroma.

Second flush. Zweite Pflückung einer Ernteperiode. Kommt nach dem Frühjahrstee (First flush). Die Teebüsche stehen während des Höhepunktes der Vegetationsperiode in Saft und Kraft, sie bilden Aroma und Gerbsäure in Fülle, so daß der Second flush eine ideale Kombination der positiven Eigenschaften des Tees darstellt. Dabei unterscheiden sich die Tees nach Standort und Erntezeit. Schon ein Pflückungsabstand von nur einer Woche kann Tee aus demselben Garten bereits ein abweichendes Aroma verleihen.

Seeyok ist ein kleiner Teegarten im Osten Darjeelings, direkt an der Grenze zu Nepal. Die Einheimischen nennen ihn Soyake Kaman. Die Teebüsche auf den 154 Hektar bestehen zu 80 Prozent aus reinen Chinapflanzen und zu 20 Prozent aus Assampflanzen.

Seladon ist eine jadeähnliche grüne Glasur, mit der Porzellane seit der Sung-Dynastie (um das Jahr 1000) in China, später auch in Japan und Korea, überzogen wurden. Der Name soll von der Figur des Celadon im Schäferroman von H. d' Urfé stammen. Eine andere Erklärung: Die Bezeichnung geht auf eine Verstümmelung des Namens »Saladin«, des ägyptischen Sultans zurück, der 1171 vierzig Stücke edles Porzellan in diesem Farbton dem Sultan von Damaskus schenkte. In China bezeichnet man die Glasur seit der Zeit als → Quing.

Sencha. Japanischer Grüntee, der im Bezirk Shizuoka an den Hängen des Fudschijama wächst. → Herbsttee. Siehe auch → Bancha.

Shen-nung, chinesischer Kaiser sagenhafter Überlieferung, der von 2737–2697 v. Chr. geherrscht haben soll. Die frühe Neigung zum Tee in China wird nachdrücklich bezeugt von der Tatsache, daß Shen-nung, der »Vater des Ackerbaus«, als großer Freund des Tees gilt und ihm bereits ein klassisches Tee-Bekenntnis zugeschrieben wird: »Tee weckt den guten Geist und weise Gedanken. Er erfrischt das Gemüt. Bist du niedergeschlagen, so wird Tee dich ermutigen.«

Shizuoka. Schwarztee aus Japan, kräftig im Aufguß, mit einer eigenartigen Geschmacksnuance, die ihn insbesondere vom chinesischen Tee unterscheidet. Aus dem gleichnamigen Bezirk am Fudschijama, dem heiligen Berg der Japaner.

Sichuan (Szechuan). Chinesische Provinz. Fruchtbares, dicht besiedeltes Bergland an der Grenze zu Tibet. Es werden zarte und blumige Schwarztees mit wenig Gerbsäure hergestellt.

Silhet. Teeanbaugebiet in Nordindien.

Sortierung. Nach dem Feuern (Trocknen) der Teeblätter erfolgt maschinell über Rüttelsiebe eine Sortierung nach der Größe. Dabei werden Blattgrade und Brokengrade unterschieden.
Die heute in Indien üblichen Bezeichnungen lauten:

Blattgrade:
1 Fine Tippy Golden Flowery Orange Pekoe 1 (FTGFOP 1)
2 Tippy Golden Flowery Orange Pekoe 1 (TGFOP 1)
3 Golden Flowery Orange Pekoe 1 (GFOP 1)

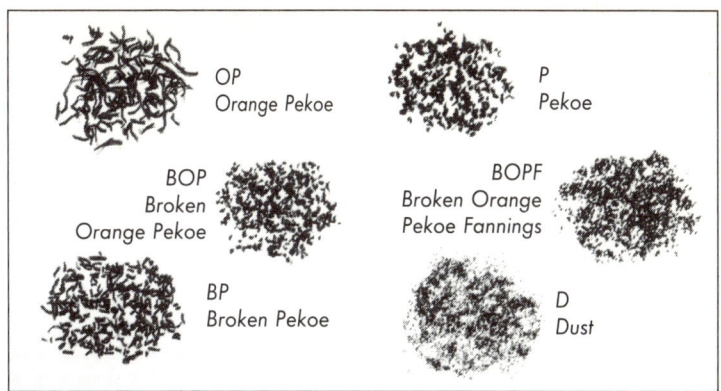

OP
Orange Pekoe

P
Pekoe

BOP
Broken
Orange Pekoe

BOPF
Broken Orange
Pekoe Fannings

BP
Broken Pekoe

D
Dust

Brokengrade:
4 Flowery Broken Orange Pekoe 1 (FBOP 1)
5 Flowery Golden Broken Orange Pekoe (FGBOP)
6 Broken Orange Pekoe Fannings (BOPF)
7 Pekoe Dust (PD)

Obwohl dabei Begriffe verwendet werden, die in ihrem Ursprung auf bestimmte Qualitäten hinweisen (Flowery, Golden, Orange, Tippy), geht es hier ausschließlich um Größensortierungen, die mit der Qualität der Teeblätter nichts zu tun haben, auch keine Rückschlüsse zulassen. Dasselbe gilt für die überkommende englische, in Indien entstandene Skala:

Blattgrade
1 Flowery Orange Pekoe (FOP)
2 Orange PEKOE (OP)
3 Pekoe (P)
4 Pekoe Souchong (PS)

Brokengrade
5 Broken Orange Pekoe (BOP)
6 Broken Pekoe (BP)
7 Broken Fannings (PF)
8 Dust (D)

Neun Sortierungsgrade dagegen enthält eine Skala, die sich nach modernen Produktionsmethoden ausrichtet. Hier werden die Grade 1 bis 5 ausgesiebt, und das größere Blattgut geht in Schneidemaschinen. Nach dem Schneiden werden dann die Grade 6 bis 9 gesiebt. 1 ist die feinste Aussiebung.

1 Orange Fannings (OF)
2 Flowery Broken Orange Pekoe (FBOP)
3 Broken Orange Pekoe (BOP)
4 Orange Pekoe und Flowery Orange Pekoe (OP, FOP)
5 Pekoe (P)
6 Dust geschnitten (D)
7 Pekoe Fannings geschnitten (PF)
8 Broken Pekoe geschnitten (BP)
9 Broken Pekoe Souchong geschnitten (BPS)

Das *CTC-Verfahren* kennt nur Brokengrade und eine dreifache Sortierung:

1 Broken
2 Fannings
3 Dust
wobei 1 der gröbste, 3 der feinste Grad ist.

Souchong siehe → Pekoe Souchong.

Spiced Tea siehe → Orchid Tea.

Spring tea. Frühlingstee; erste Pflückung in Gebieten, in denen nicht im ganzen Jahr gepflückt wird. Leichteres, blumiges Aroma gegenüber den später gepflückten Tees.

Sri Lanka siehe Ceylon.

Steinthal. Kleiner Teegarten in Darjeeling, der vor mehr als hundert Jahren vom deutschen Missionar Stölcke angelegt wurde. Produziert meist hochwertige → Blatt-Tees.

Südamerika. Fast überall im »Teegürtel« der Erde wird heute Tee angebaut. In Südamerika sind die Teeanbauländer Argentinien, Brasilien und Peru.

Südindien. Zusammenfassende Bezeichnung für drei Teegebiete. *Anaimudi:* Kräftige Tees mit relativ viel Gerbsäure,
Nilgiri: Tees mit feinem Flavour, das dem von Nuwara-Eliya (Ceylon) sehr ähnelt,
Travancore: Tees mit Flavour und Tasse, mehr Gerbsäure.
Teeanbau seit mehr als hundert Jahren. Die Plantagen am Rande der »Westghats«, des Gebirgssockels Südindiens, wurden nach 1870 unter großen Mühen angelegt. In Höhen von 1300 bis 2000 Metern wurde der Urwald gerodet. Der Anaimudi ist mit 2652 Metern der höchste indische Berg südlich des Himalaya.
Südindien umfaßt etwa 74 000 Hektar Teegärten mit einer Produktion von rund 140 000 Tonnen Tee jährlich (sieben Prozent der Welternte). Siehe auch → Indien.

Sukiya. Teebaum für die Teezeremonie.

Su-Lan-Tee. Eine Mischung aus chinesischem Oolong und Schwarztee, mit den getrockneten Blüten des Sü-ho-hsiang (Styrakazeen = Bäume und Sträucher aus der Ordnung der Ebenholzartigen) aromatisiert. Ein angenehm-fremdartiger Geschmack.

Sumatra siehe → Indonesien.

Sun-Moon. Schwarztee, der an den Ufern des gleichnamigen Sees auf Taiwan wächst. Seit einigen Jahren wird er von Fachleuten aus dem Keemungebiet vom Festland angebaut. Da sowohl die Teepflanzen als auch Boden und Klima anders sind als dort, schmeckt der Tee kräftiger, hat allerdings auch nicht das besonders feine Aroma des Keemun.

Sunny Islands. Aromatisierter Tee mit Pfirsich-Mango-Zitronen-Aroma.

Szechuan → Sichuan.

Taeping. Teeklipper im großen Teerennen 1866.

Taiwan. Die Insel pflegt die chinesische Tradition des Teeanbaus. Allerdings werden meist billige Sorten für den Export nach Japan und in die Vereinigten Staaten von Amerika hergestellt. Der beste Tee kommt aus dem Zentralhochland (Pei/Pu und Maà/Li). Zu erwähnen ist auch der Schwarztee vom Sun-Moon-See sowie Oolong.

Tarry Lapsang Souchong. Unvermischter Rauchtee. Der Name wurde in China geprägt. Tees gleichen Namens sind auch aus Taiwan auf dem Markt.

Tasse. Neben der bekannten Bedeutung auch Bezeichnung für den Aufguß.

Tea. Englische Bezeichnung für Tee aus dem Teestrauch, in neuester Zeit auch für andere, zum Beispiel Kräutertees. Wird hier benutzt, wenn es sich um international übliche Bezeichnungen handelt.

Tea blender heißt in England der die Mischung zusammenstellende → tea taster.

Tea garden. Dieser Ausdruck hat eine doppelte Bedeutung: 1. Teeplantagen erhalten im Englischen diese Bezeichnung, auch dann, wenn es sich um ein Hunderte von Hektar großes Areal handelt. 2. Teegärten kamen in England – besonders London – nach Einführung des Tees in Mode. Die meisten mußten – da in Randbezirken mit aufgelockerter Bebauung gelegen – der wachsenden Großstadt weichen. Teegärten hatten dieselbe, uns heute mit romantischer Sehnsucht erfüllende Funktion wie der Kaffeegarten in Berlin. Sie waren sommerliche Kommunikationsstätten, Ausflugsziel für die Familie.

Die britische Tradition der Teegärten wurde auch mit nach »Neu England« genommen. Der Standort des »Tea Water Pump Garden« bei New York war durch eine Quelle mit besonders gutem Wasser bestimmt worden.

Tea Races. Die Wettfahrten der Klipper mit dem Tee der neuen Ernte von Ostasien nach England Mitte des letzten Jahrhunderts.

Tea shop nannte man in England ein Geschäft, in dem man neben dem abgepackten Tee auch aufgebrühten erhalten konnte, wie in einem Kaffeehaus. Dazu wurden kleine Gerichte angeboten.

Tea taster. Teeprüfer, der auch Mischungen zusammenstellt. Siehe → Teeprüfung.

Tea time, die Teepause, ist englische Tradition und wird auch in Zeiten der Not eingehalten. Man reicht Gebäck (zum Beispiel Muffins) oder einen leichten Imbiß. Genau so oft wie wegen angeblich gesundheitsgefährdender Wirkungen, wurde der Teegenuß wegen der Teepausen angegriffen. Ein Lordkanzler wetterte gegen die »Demoralisierung der arbeitenden Bevölkerung« und wollte den Teegenuß (und die Teepausen) per Gesetz auf die »höheren Gesellschaftskreise« beschränkt wissen.

Teeauktion siehe → Teehandel.

Teefilter sind zwar praktisch, können aber nicht unbedingt empfohlen werden, zumindest die Papierfilter, die immer ein wenig »durchschmecken«. Wenn überhaupt, sollte dem Textilfilter der Vorzug gegeben werden.

Teeflavine (Theaflavine). Polyphenolische Verbindungen, die allgemein unter dem Sammelbegriff Gerbstoffe mit erfaßt werden. Die Teeflavine machen etwa 1 Prozent des schwarzen Tees aus (bei rund 30 % Gerbstoffen in der Trockensubstanz). Sie erzeugen die leuchtend glänzende Farbe des Teeaufgusses und tragen zur Stärke des Getränks bei.

Teegarten siehe → Tea garden.

Teehäuser in den Parks der Könige und Fürsten Europas erschienen in der Folge der China-Begeisterung des Barock. Schöne Beispiele sind das Teezimmer in der Pagodenburg des Schlosses Nymphenburg (München) sowie das Chinesische Teehaus Friedrichs des Großen in Sanssouci. In Japan und China spielen die Teehäuser die Rolle unserer Kaffeehäuser als Treffpunkt und Teil des gesellschaftlichen Lebens. Sie haben allerdings nicht immer den besten Ruf.

Teehaus: Auch hinter diesem Begriff verbergen sich verschiedene Bedeutungen. *Chashitsu* ist die japanische Bezeichnung für das Teehaus der Teezeremonie, das in seiner Einfachheit und Klarheit, mit seiner Gelassenheit und Ruhe ausstrahlenden Atmosphäre und der harmonischen Einfügung in die landschaftliche Umgebung unter Verwendung natürlicher Werkstoffe die japanische Architektur entscheidend beeinflußt hat.

Teegeschirr. Der chinesische Dichter Lu-Yu hatte schon vor mehr als tausend Jahren erkannt, wie wichtig außer dem richtigen Wasser auch das richtige Teegeschirr zum vollen Teegenuß ist.
Die Entwicklung der keramischen Industrie Chinas ist eng verbunden mit dem Siegeszug des Tees, angefangen von primitiver Tonware über glasierte Keramik bis hin zum feinen Porzellan. Seladon erschien während der Tang-Zeit (618–907).
Damals wurde der Tee Volksgetränk. Teehäuser entstanden in den Städten. Unmengen von Teeschalen und kleinen Kannen für die Gäste wurden hergestellt. Unter der Sung-Dynastie (961–1127) wurde es Mode, Teegeschirr in gleichartigem Muster oder Dekor herzustellen. Die Schalen wurden kleiner, da man glaubte, daß der Wohlgeschmack des Getränks in großen nicht voll zu Geltung käme. Nach Europa kamen chinesische Keramiken (unter diesem

Sammelnamen versteht man auch Porzellan) in größeren Mengen im 16. Jahrhundert. Später wurden in europäischem Auftrag auch eigens Teegeschirre in China angefertigt. Chintechen war die Hauptstadt des Porzellans. Seine blau-weißen Waren wurden wegen der Qualität der Scherben und der Feinheit der Glasur von allen Teetrinkern geschätzt.

Die Ming-Dynastie (1368–1644) bevorzugte zunächst die rein weiße Schale. Chintechen entwickelte daneben das mehrfarbige Porzellan. Immer aber war in China das Teegeschirr aus Ihsing beliebt, aus purpurbraunem Ton, der hart gebrannt wird und die Dichte des Porzellans erreicht. Unglasiertes Ihsing hat ganz feine Poren, die es für den Teeaufguß besonders geeignet machen und das Flavour des Tees halten. Teekannen aus → Ihsing sind feuerfest.

Teehandel. Seit den Tagen der East Indian Company haben sich die Verhältnisse gewendet: Man muß als Teehändler dabei sein. Und deshalb ist die Zahl der international agierenden Händler auf einen überschaubaren Kreis begrenzt. In Deutschland unterscheidet man zwischen den Großpackern, die selbst an Ort und Stelle einkaufen, und den Importeuren, die bevorraten und lagern und dann von ihrem Lager an kleinere Teepacker verkaufen.

Drehscheiben des internationalen Teehandels sind **Kalkutta, Colombo** und **London.**

Jede Woche findet dort eine Auktion statt; es werden die teuersten Tees der Welt verkauft.

Bei den Auktionen stehen sich in London, wie schon seit Generationen, Verkaufsmakler der Plantagen und Einkaufsmakler der Käufer gegenüber. Schon Wochen vor der Versteigerung müssen die betreffenden Tees zur Verfügung stehen. Beeidigte Lagerhausfirmen lassen aus einer größeren Zahl von Kisten Muster ziehen. Diese Muster gehen mit dem Auktionskatalog in die ganze Welt, und aus dem Katalog sind Kistenzahl, Blattgrad, Plantage, Erntewoche, Verkäufer, Makler und alle Details ersichtlich. Die sogenannte Valuation, die Preisbewertung des Verkäufers, gibt lediglich einen Anhalt, ist jedoch nicht verbindlich für den endgültigen

Preis. Seit einiger Zeit finden in **Indien** auch Auktionen näher bei den Produktionsgebieten statt. In **Siliguri,** im Norden, werden Darjeeling- und Dooars-Tees gehandelt, in **Gauhati** die Assam-Produktion, in **Cochin** und **Coonoor** die südindischen Tees. Wichtigste Käufer sind dort die englischen Großfirmen und daneben einige neu ins Geschäft getretene indische Firmen, die für den eigenen indischen Markt ordern.

Die **Londoner Auktion,** neben China der zweite historisch bedeutende Handelsplatz für Tee, hat nicht mehr ihren alten führenden Rang. Durch Handelsrestriktionen haben die Länder der Dritten Welt es durchgesetzt, daß ihre Plantagen – früher in vielen Fällen im Besitz britischer Staatsbürger – ihre Tees im Ursprungsland auf den Markt bringen. London hat nur für afrikanische Tees noch eine gewisse Bedeutung. Folglich haben die großen britischen Teekäufer wie Brooke Bond, Lipton, Typhoo ihre Einkaufsniederlassungen in den Ursprungsländern des Tees beträchtlich verstärkt.

China: Exportgesellschaften in Kanton und Shanghai vermarkten die Produktion der großen Teeanbaugebiete am Jangtsekiang. Ihnen und den Corporationen in **Amoy** und **Foochow,** die Oolong, Grün- und Jasmintee handeln, obliegt die Qualitätsüberwachung für den Export. Das Angebot umfaßt standardisierte und mit Qualitätsnummern bezeichnete Sorten, die über viele Jahre gleichmäßig geliefert werden. Unter altem Namen werden nur einige Spezialitäten, insbesondere Grüntees, angeboten. **Kanton** mit seiner jährlich zweimal stattfindenden Messe ist der wichtigste Handelsplatz, und Voraussetzung für erfolgreiche Geschäfte sind langjährige Kontakte zu den chinesischen Verkäufern, wie vor hundert Jahren. Man nennt dem chinesischen Partner seine Wünsche, was Standardnummern, Preise, Abladungszeiten und andere Details betrifft. Einige Tage später antwortet die chinesische Corporation, und nun hat man – anders als im normalen internationalen Handel – zu akzeptieren oder auf das Geschäft zu verzichten. In den letzten Jahren wurden auch wieder außerhalb der Messe besonders gute »Lots« (Partien) angeboten, und zwar den »good old friends«, im Chinahandel eingeführten und erfahrenen Importfirmen. Von chinesischer Seite wird Kundenpflege im alten Stil geübt, Sympathie ist wichtig. Verkaufsgespräche ziehen sich mit chinesischer Höflichkeit über Stunden hin, es wird eine Tasse Jasmintee nach der anderen getrunken und Zigarette um Zigarette geraucht. Erfreulich für europäische Teehändler: es wird mustergetreu und sorgfältig geliefert, und das ist keineswegs in allen Herstellungsländern üblich. Reklamationen sind praktisch unbekannt.

Regionale Auktionen gibt es auch in **Sri Lanka, Indonesien** – einmal wöchentlich in **Djakarta** – und für afrikanischen Tee in **Mombasa (Kenia).**

Erfahrene und eingeführte Firmen können in einem gewissen Rahmen auch von Bremen oder Hamburg aus einkaufen. Der Tee-Einkäufer kennt aus seiner Erfahrung die besten Teeproduktionszeiten der einzelnen Distrikte.

Entsprechend gibt er seinen überseeischen Vertretern den aktuellen Bedarf an und bekommt daraufhin jede Woche Hunderte von Mustern aus den verschiedenen Anbaugebieten und Auktionsplätzen auf den Probentisch. Diese Muster müssen durchprobiert werden, und danach wird der Gebotspreis für die nächste Auktion festgesetzt. Erfahrungsgemäß bebietet man etwa zehnmal soviel Tees, wie man benötigt, um den geringsten Preis für einen guten Tee zu zahlen. Per FAX-Gerät kommt wenige Stunden nach der Auktion das Ergebnis. Der »Tea taster«, der Teekoster, weiß dann, mit welchen Geboten er Erfolg gehabt hat, und kann je nach Bedarf die Gebote für die folgende Woche ausrichten.

Etwa zwei Wochen nach der Auktion gehen die »Ausfallmuster« ein, die nach dem Kauf von beeidigten Lagerhaltern aus der Partie gezogen wurden. Sie werden mit dem Kaufmuster verglichen und noch einmal bewertet.

Es wird festgelegt, für welche Kunden diese Qualität in Frage kommt und für welche Mischungen sie brauchbar ist. Nach weiteren zwei Wochen trifft der Tee in Deutschland ein. Nach der Prüfung, ob beim Seetransport Schäden vorgekommen sind, wird der Tee aus dem Hafenschuppen zu Lager genommen und entweder im Original weiterverkauft oder für Mischungen verwendet.

Teeherstellung. Wie man die Teeblätter vor der Einführung von Maschinen bearbeitete, darüber berichtete am Beispiel grünen Tees ein alter chinesischer Teehändler so: Die grünen Blätter werden zum ersten Male zwischen dem 20. April und 5. Mai und dann noch einmal zum Sommeranfang gepflückt. Je schneller der Tee nach dem Pflücken geröstet wird, desto besser ist er, denn Sonne und Luft beeinträchtigen das Flavour. Da man nicht alle Blätter gleichzeitig rösten kann, stellt man einen Teil von ihnen auf flache Bambustabletts oder streut sie im Schatten auf gekachelte Fußböden. Die frischen Blätter dürfen auf keinen Fall gelb werden. Bei der Bearbeitung von Grüntee werden viele Hände gebraucht, für das Rösten, Rollen und das darauffolgende Sieben und Verpacken. Frauen bereiten den Tee für das Rösten vor, suchen Stengel und Fremdteile heraus. Das Rösten verlangt einen erfahrenen Mann. Es wird der Hyson Kuo, eine Art großer Wok (Pfanne) benutzt, mit etwa 16 Zoll Durchmesser und einer Tiefe von etwa 10 Zoll. Der Kuo wird mit einem Feuer aus trockenem Holz zur Rotglut gebracht, dann gibt man ein halbes Pfund Teeblätter hinein. Eine Dampfwolke steigt auf, die Blätter krachen. Der Mann am Röster rührt mit jeweils einer Hand um. Wegen der enormen Hitze muß er die Hände oft wechseln. Oft wirft er die Blätter einige Zoll hoch, um Klumpenbildung zu vermeiden und damit der Dampf besser entweichen kann. Nach einiger Zeit, wenn die Hitze zu groß wird, nimmt der Röster die Blätter aus dem Kuo und (wirft sie in einen bereitstehenden Korb. Dann werden sie gerollt und möglichst schnell wieder geröstet, diesmal allerdings über einem nicht so heißen Kohlefeuer. Beim dritten Rösten, mehr einem Trocknen, wird das Feuer weiter zurückgenommen.
Die heutige Teeherstellung haben wir im Textteil ausführlich beschrieben.

Teeprüfung. Sie erfolgt durch den Handel vor dem Einkauf größerer Mengen und als Voraussetzung zur Herstellung einer Mischung. Der Teeprüfer (tea taster) riecht zunächst an dem trockenen Tee und zerreibt ihn zwischen Daumen und Zeigefinger. Dabei sind die Größe des Blattes, seine Farbe, Glanz und Glätte, der Anteil an Stengel- und Rippenteilchen sowie Bruch und Rollung der Blätter Kriterien für die Beurteilung. Danach wird ein konzentrierter Aufguß hergestellt. Teemenge sowie die Menge des Wassers müssen zum Vergleich der einzelnen Proben genau gleich sein. Ebenso der Zeitraum, den der einzelne Aufguß (Infusion) zieht. Das Verkosten erfolgt ohne irgendwelche Zusätze wie Zucker. Der *tea taster* schluckt den Tee nicht, sondern spuckt die Probe nach der sensorischen Prüfung aus. Schließlich erfolgt eine Begutachtung der gebrühten Teeblätter nach Farbe und Geruch.

Teerubigene (Thearubigene). Pigmente, die den Tee braun färben. Polyphenolische Verbindungen, die den Gerbstoffen zugerechnet werden.

Teesta Valley. Teegarten im Osten Darjeelings, oberhalb des Teesta-Flusses gelegen, mit zauberhaftem Blick auf Bhutan und China. Einer der bekanntesten Namen in Darjeeling, die Qualität ist in den letzten Jahren wieder auf den früheren Stand gestiegen. Sorgfältig zurückgeschnittene Büsche bringen viel Aroma und Kraft in die Tasse. 300 Hektar, vorwiegend werden Blatt-Tees aus Chinapflanzen erzeugt.

Teeverbrauch. Die moderne Zivilisation hat etwas Nivellierendes. Noch 1950 rechnete man in England mit einem Verbrauch von 9 Pfund Tee pro Kopf und Jahr, in Deutschland mit 180 Gramm (Friesland 3 Pfund). Die neuesten Zahlen ergeben ein verändertes Bild:

Teeverbrauch	pro Kopf kg/Jahr	insgesamt Tonnen
Irland	3,03	10 770
Großbritannien	2,94	166 970
Irak	2,72	43 200
Türkei	2,65	130 810
Tunesien	1,81	13 100
Neuseeland	1,77	5 760

Teeverbrauch	pro Kopf kg/Jahr	insgesamt Tonnen
Ägypten	1,54	74 700
Sri Lanka (Ceylon)	1,43	22 700
Australien	1,31	20 640
Jordanien	1,12	3 820
Iran	1,05	50 200
Japan	0,94	113 490
Pakistan	0,90	86 560
GUS	0,85	236 350
Polen	0,81	30 060
Kanada	0,68	17 220
Niederlande	0,65	9 340
Afghanistan	0,63	11 330
Indien	0,55	415 100
USA	0,36	85 610
Bundesrepublik Deutschland	0,26	16 030

Die Teestatistik hat wie viele andere Statistiken insofern ein Loch, als China fehlt. Ersichtlich aber ist, daß Großerzeuger wie Indien und Sri Lanka auch Großverbraucher sind (für China gilt das noch mehr). Erzeugerländer wie UdSSR, Japan und Iran müssen kräftig zukaufen.

Teezeremonie. Eine japanische Kulthandlung.

Teeziegel siehe → Ziegeltee.

Tein. Wesentlicher Bestandteil des Tees, dem Koffein im Kaffee entsprechend. Der Anteil beträgt je nach Sorte 1,5 bis 4 Prozent. Eine Tasse Tee enthält demnach 0,01 bis 0,05 g Tein. Im Gegensatz zur schockartigen Wirkung des Koffeins (0,1 g pro Tasse) schont das Tein das Herz und wird auch langsamer abgebaut. Zusammen mit dem Vitamin B1 (Nervenvitamin) beeinflußt das Tein

Nerven und Gehirn günstig, fördert die Konzentrations- und Reaktionsfähigkeit. Tee wirkt anregender, wenn man ihn nur kurz ziehen läßt, da das Tein beim Aufguß zuerst frei wird. Empfohlen werden 2$\frac{1}{2}$ bis 3$\frac{1}{2}$ Minuten. Siehe auch → Erkältungskrankheiten.

Terai. Teedistrikt in Nordindien, fruchtbares Hügelland zu Füßen der Berge von Darjeeling. 300 bis 800 Meter hoch. Der Urwald wurde schon im 19. Jahrhundert zur Anlage von Teegärten gerodet.
Der lehmige Boden bringt in den nicht so regenreichen und kühleren Monaten März bis Mai eine Teequalität, die mit den tiefer liegenden Gärten Darjeelings vergleichbar ist. Überhaupt muß erwähnt werden, daß die Grenze zwischen Darjeeling und dem Terai im Teehandel nicht eindeutig festliegt, so daß einige Terai-Tees auch als Darjeeling verkauft werden.
Im übrigen sind die Terai-Tees billiger als »Darjeelings« und eignen sich hervorragend zum Mischen mit diesen.
Die Anbaufläche des Terais beträgt rund 11 000 Hektar in 46 Teegärten. Die durchschnittliche Erntemenge liegt bei 1500 Kilogramm pro Hektar. Das ist das Zweieinhalbfache der Ernte im Bergland Darjeeling. Wenn der Preis auch geringer ist, so sorgt doch die größere Menge dafür, daß es den Teepflanzern im Terai besser geht als jenen in Darjeeling.

TGFOP 1. Abkürzung für die in Indien übliche Bezeichnung Tippy Golden Flowery Orange Pekoe 1.

Thé. Französische Bezeichnung für Tee, wird heute noch gern für bestimmte Mischungen im Handel verwendet, zu Beispiel Thé Lavande für Lavendel-Tee.

Thea. Thea assamica und Thea sinensis wird der Teestrauch auch genannt. Wir bezeichnen ihn als Camellia assamica bzw. sinensis.

Tibet ist seit altersher Abnehmer chinesischen Tees. Man benutzt Ziegeltee, der mit einer Reibe vorbereitet wird. Nach altem Rezept wird Yakbutter (Yak = ein Hochlandrind) im Tee aufgelöst.

Tien Yi-heng, chinesischer Gelehrter, sagte: »Man trinkt Tee, damit man den Lärm der Welt vergißt.«

Tin Kuan Yin. Feinster → Sechung Oolong.

Tippy im Namen eines Tees weist auf einen hohen Anteil von »Tips«, das sind junge Blattspitzen mit wenig Gerbsäure, hin. Es handelt sich also um einen mild-aromatischen Tee, der auf traditionelle Weise hergestellt wurde.
Beim modernen CTC-Verfahren bilden sich die weißen Spitzen nicht.

Tippy Golden Flowery Orange Pekoe 1 (TGFOP 1).
Indische Bezeichnung für die zweite Sortierung von Blatt-Tee. Siehe auch → Sortierung.

Tokugawa. Japanische Shogun-Dynastie (1603–1867).

Transport. Bis ins 19. Jahrhundert dauerte der Transport von Tee aus Ostasien nach Europa mehrere Monate, sogar ein Jahr und länger, wenn überwintert wurde. Das galt, ganz gleich, ob Tee über See kam oder auf dem Rücken von Tragtieren durch die Wüsten und über die Gebirge Asiens. Den Ausschlag zum alleinigen Transport über See gab die Fertigstellung des Suez-Kanals und die Konstruktion von Eisenschiffen, die eine schnellere Beförderung zuließen. Heute ist der normale Weg der per Container und Schiff, ob aus Asien, Afrika oder Südamerika. Kostbare Tees und Tees der neuen Ernte werden allerdings auch per Luftfracht befördert, als Beispiel der First flush aus Darjeeling. Siehe auch → Karawanentee, Tea Races.

Trocknen (Feuern, Rösten). Arbeitsgang bei der Teeherstellung.

Tscha-King, das »klassische Teebuch« der Chinesen, geschrieben von dem Dichter Lu-Yu um 780.

Tsch'eng-huang-ti (später: Schi-huang-ti, gestorben 210 v. Chr.), chinesischer Einiger des Reiches und Reformkaiser, dessen Name in keiner Geschichte des Tees, aber auch in keiner des Steuerrechts fehlen darf. Im Jahre 221 v. Chr. legte er seinen Untertanen eine Teesteuer auf: dies gilt als der früheste gesicherte Nachweis über den Tee.

Türkei. In der Türkei wird seit dem Jahre 1924 Tee angebaut. Damals begann man mit Samen aus Georgien. Derzeit werden etwa 65 000 Hektar bebaut. Der Ertrag liegt bei jährlich 139 000 Tonnen Tee. Das Anbaugebiet zieht sich von der Grenze der GUS-Staaten über fast 500 Kilometer parallel zur Küste: Dabei werden Höhen bis zu 1000 Metern erreicht.
Der türkische Tee ist schwarz im Blatt und hat einen schwachen Abguß. International wird er zum Mischen mit charaktervollen, teuren Sorten verwendet, geht zum Teil aber auch unvermischt an Teetrinker, die seine besonderen Eigenschaften schätzen.

Tukdah. Teegarten nordöstlich der Stadt Darjeeling. Erste Kategorie. Er wurde vor etwa 140 Jahren zusammen mit den Gärten Bannockburn, Ging und Phoobsering von der britischen Darjeeling Tea Company angelegt. 253 Hektar, von denen zu mehr als drei Vierteln → Blatt-Tees geerntet werden.

Tukvar, einer der größten Teegärten in Darjeeling (436 Hektar), war schon immer durch Aufgeschlossenheit technischen Neuerungen gegenüber bekannt. 1872 kaufte man dort den ersten Dampfkessel für einen nordindischen Teegarten und leitete damit die Mechanisierung der Teebearbeitung ein.
Da es weder eine Straße in unserem Sinne gab, noch eine Eisenbahn, war der Transport mit unendlichen Mühen verbunden. Eine für Ochsenkarren geeignete Straße wurde erst 1869 fertiggestellt, die Darjeelingbahn verkehrt seit 1881/1885.

Tungsha. Chinesische Musterplantage auf der Insel Hainan. Hier sollen Erfahrungen für die Umwandlung chinesischer Kleinwirtschaften in moderne Teeplantagen gesammelt werden.

Twining. Führendes britisches Teehandelshaus. Thomas Twining etablierte sich etwa 1705 als Inhaber von Toms Coffee House in Devereux Court, Strand, London.

Uji. Stadt in Japan, in deren Umgebung die feinsten Teequalitäten hergestellt werden.

Urasenke. Eine der drei Hauptschulen des *Ghanoyo*, der japanischen Teezeremonie, des »Teeweges«. Alle drei Schulen gehen auf Großmeister Sen no Rikyù (1521–1591) zurück. Seine Enkel entwickelten die verschiedenen Richtungen, die bis heute bestehen. Der eine wohnte im Vorderhaus, weshalb seine Schule *Omotesenke* genannt wurde. Da sein Bruder im Hinterhaus lebte, hieß dessen Schule *Urasenke*, die heute weltweit bekannteste Einrichtung.
Niederlassungen der Urasenke-Stiftung gibt es in Australien, Brasilien, Frankreich, Italien, Großbritannien, Kanada, Mexiko, Peru, den USA sowie in Deutschland, u. a. in Düsseldorf, Freiburg, Hamburg und München. Das Zentrum der Urasenke Foundation liegt in Kyoto, 15 Kilometer vom alten Kaiserpalast entfernt. Hier residiert Soshitsu Sen XV, Rikyùs Nachkomme in der 15. Generation, als der gegenwärtige Große Teemeister der Urasenke-Teeschule. Der dritte Enkel trennte sich ganz vom Haus, weshalb sich seine Schule *Mushakojisenke* (fort vom Haus) nennt.

USA → Vereinigte Staaten von Amerika.

Uva. Teedistrikt auf Ceylon (Sri Lanka). Höhen von 1300 bis 2000 Metern auf der Ostseite der Insel, wo im Sommer (Juli/August) trockene Witterung vorherrscht. Dann werden die besten Qualitäten gepflückt. Erntezeit ist das ganze Jahr. Tee aus Uva ist Hochlandtee voller Aroma, das Beste was die Insel zu bieten hat.

Valignano, Alessandro (1539–1606), italienischer Jesuitengeneral, 1578 in Macao, 1579 in Japan, wirkte auf die Missionierung dort und in China hin.

Vanilletee. Tee, der mit Vanille aus Madagaskar aromatisiert ist. Man mag sich ausmalen, wie auf einem der alten Ostindienfahrer Vanille neben Tee im Lagerraum gestapelt war und wie der Händler zunächst mit Bestürzung feststellte, daß der Tee das Aroma des Gewürzes angenommen hatte, bis klar wurde, daß hier ein apartes neues Rezept zur Aromatisierung von Tee entdeckt worden war. Oder hat es sich so in einer englischen oder friesischen »Kolonialwarenhandlung« zugetragen?
Der Tee wird heutzutage erst in Europa aromatisiert.

Vereinigte Staaten von Amerika. Die Pilgerväter hatten sicherlich Tee im Gepäck. Und als aus Neu-Amsterdam New York wurde, hatte der Tee längst Amerika erobert.
Die Tee-Tradition der USA ist ein Teil des englischen Erbes. Der Tee hat den Anlaß zur Trennung der Kolonie zum Mutterland gegeben → Boston Tea Party. Ein weiterer interessanter Punkt amerikanischer Teegeschichte ist der hohe Anteil des von schnellen kleinen Segelschiffen geschmuggelten Tees.
Auch in USA begann man mit Grüntee. Die Umstellung auf schwarzen Tee wird auf eine geschickte Propaganda des Handels zurückgeführt, parallel mit der Erschließung neuer großer Anbaugebiete in Indien und auf Ceylon. Die Erfindung des Eistees ist unbestritten eine Leistung der Amerikaner.
Der Lebensstil des Landes bevorzugt den Teebeutel. Man konsumiert Massentees, die größten Lieferanten sind Indonesien, Ceylon und Argentinien.
Obwohl auch in den USA der Verbrauch von Kaffee bedeutend höher ist als der von Tee, summieren sich die 350 Gramm, die man pro Kopf und Jahr verbraucht, doch zu stolzen 86 000 Tonnen Tee.

Verpackung. Der getrocknete Tee wird sofort nach Abschluß der Bearbeitung verpackt, damit er in dem feuchten Klima der Teedistrikte nicht wieder Feuchtigkeit zieht. In China packte man den Tee in Weichholzkisten, die mit dicker Zinnfolie ausgeschlagen waren. Kostbare Ware wurde schon immer ihrem Wert entsprechend verpackt: die Kisten wurden ausgeschmückt, mit werbekräftigen Darstellungen versehen. Es gab prächtige gemalte und gedruckte Etiketten.

Gute Teesorten aus den klassischen Teeländern Asiens werden auch heute noch in Holzkisten (diese allerdings nicht mehr einzeln verladen, sondern in Containern zusammengefaßt) verschifft.

International üblich sind
Ganze Kisten   48 x 48 x 60 cm, ca. 48,4 kg
Palettenkiste   40 x 50 x 60 cm, ca. 42,0 kg
$\frac{1}{2}$ Kiste   40 x 40 x 50 cm, ca. 28,0 kg

Die Kisten bestehen aus Sperrholz, mit Aluminiumfolie und Seidenpapier ausgeschlagen. Jede Kiste wird »gemärkt«, das heißt mit einer Aufschrift versehen, die den Namen der Plantage, den Blattgrad, das Brutto- und Nettogewicht, das Produktionsjahr, die Produktionsnummer und die Zahl der Kisten, aus der die Partie besteht, enthält.

Massentees, besonders solche aus den jüngeren Teeländern, werden in Plastiksäcken verschifft, die wiederum in Containern gelagert sind.

Vietnam. Dieses ehemals so fruchtbare Land hat seit 1825 einen eigenen Teeanbau. Nach Kriegswirren und Zerstörungen versucht die jetzige Regierung den Teeanbau stärker zu fördern. Von der angegebenen Erntemenge von 23 000 Tonnen wird der größere Teil im Lande verbraucht. Für die Herstellung von besseren Exportqualitäten fehlt es sowohl an Anleitung als auch an Fabrikationsanlagen.

So werden die exportierten Mengen von wenigen Großfirmen zum Mischen mit gleichmäßigen afrikanischen Tees benutzt.

Viridis wurde früher aller Grüntee aus China genannt.

V.O.C. = Holländisch-Ostindische Kompanie → Handelskompanien.

Weißer Tee. Im Gegensatz zum schwarzen und grünen Tee ist der weiße Tee aus der chinesischen Provinz Fukien hierzulande nahezu unbekannt. Es handelt sich um einen unfermentierten grünen Tee mit großen silbrig behaarten Blättern. Er erhielt das Etikett »weiß«, weil die Härchen einen feinen weißen Flaum bilden.

Welken ist der erste Arbeitsgang bei der Teeherstellung nach dem Pflücken. Den Teeblättern werden etwa 30 Prozent ihrer Feuchtigkeit entzogen, wodurch sie schrumpfen und für das anschließende Rollen weich und geschmeidig werden.

White Downy Tea. »Weißer Tee« nennen die Chinesen diesen Tee aus Kwangsi (Guangxi), weil die Blätter von weißem Flaum bedeckt sind. Sie werden nach dem Pflücken einzeln an der Luft getrocknet. Der Aufguß ist charaktervoll, zart im Geschmack und doch aromatisch.

Withering ist der englische Fachausdruck für das Welken der geernteten Teeblätter. Dabei wird den Blättern 50 bis 60 Prozent ihrer Feuchtigkeit entzogen. Die Bezeichnung kommt von der Tatsache, daß sie dabei schrumpfen.

Xavier, Francisco, eigentlich Francisco de Jassu y Javier (1506–1552), »Apostel Japans«, arbeitete mit Ignatius von Loyola an der ersten jesuitischen Ordensverfassung, reiste im Auftrag des Königs von Portugal nach Ostindien, missionierte in Madras, auf den Philippinen und den Molukken, seit 1549 in Japan. Er widersetzte sich der Ausbeutung der Missionierten durch europäische Händler, starb auf der Insel Sancian bei Kanton und wurde schon 1622 heiliggesprochen.

Yünnan. Chinesische Provinz. Bergland an der Grenze zu Birma und Laos. Hier werden weiche und milde, aber doch kräftige Tees produziert.

Zen. Japanische buddhistische Lehre der Meditation.

Ziegeltee war lange Zeit hindurch die allgemein übliche Art, den Tee handlich zu transportieren und aufzubewahren. Aus Tee und Reiswasser wird ein »Ziegel« gepreßt. Man schlägt ein Stückchen von dem bis zu sechs Pfund schweren Block ab und zerkleinert es mit Hilfe einer aus Bambus gefertigten Reibe. Die Preßformen werden – wie bei uns mit Butterformen üblich – durch Ornamente oft reich geschmückt, so daß solch ein Ziegel im Westen in erster Linie als Kuriosum, ja als Raumschmuck betrachtet wird. In Tibet und der Mongolei ist Tee in Ziegelform noch heute üblich.

Zweite Pflückung siehe → Second flush.

Rezeptverzeichnis nach Sachgruppen

Alphabetisches Rezeptregister